W0197849

Toni Pizzecco

MENSCH BLEIBEN IM DIGITALEN CHAOS

Wie Smartphone & Co unser Leben belasten und was wir dagegen tun können

ATHESIA VERLAG

Mit dem Kauf dieses Buches unterstützen Sie das Projekt **„Krankenhaus Attat, Äthiopien"** des Vereins Südtiroler Ärzte für die Welt.

Südtiroler Ärzte **für die Welt**
Medici dell´Alto Adige **per il Mondo**
www.world-doctors.org

Die **Südtiroler Ärzte für die Welt** sind ein Zusammenschluss von Ärzten, Kranken-pflegern und freiwilligen Helfern, deren Ziel es ist, Menschen in Notstands- und Armutsgebieten zu helfen. Der Verein wurde 2001 gegründet und ist eine wohl-tätige Organisation ohne Gewinnabsichten.

Einsatzländer
Afrika: Äthiopien, Eritrea, Kamerun, Kenia
Amerika: Haiti, Peru
Asien: Afghanistan, Indien, Nepal
Europa: Rumänien

Projekte
- Förderung medizinischer Projekte
- Bau/Sanierung von Krankenhäusern, Kliniken, Geburtenstationen und Labors
- Bau/Sanierung von Schulen und Berufsschulen, Kindergärten und Waisenheimen
- Finanzierung von medizinischen Apparaturen, Instrumenten und Medikamenten
- Finanzierung von Ausbildungsprogrammen für medizinisches Personal
- Finanzierung von Wasserprojekten

Bitte helfen Sie uns helfen!
Spendenkonten
Volksbank/Banca Popolare
IBAN IT95 U 05856 11601 050570000333

Südtiroler Sparkasse/Cassa di Risparmio
IBAN IT35 E 06045 11600 000005003779

Raiffeisenkasse/Cassa Rurale
IBAN IT25 U 08081 11610 000306005349

Für Maria,
die in jedem von uns lebt

Inhalt

Vorwort

Ich gebe zu, ich war innerlich sehr aufgewühlt, als ich mich eines Abends hinsetzte und die Geschichte von Maria niederschrieb. Es war die Wut, die mich antrieb. Ich wollte Marias Drama festhalten und das Problem der übermäßigen Nutzung und der Abhängigkeit der Jugend von den digitalen Endgeräten in Angriff nehmen. Es war der Weg, meine Traurigkeit und Erschütterung zu bewältigen. Es war eine Möglichkeit, andere Familien auf aktuelle Gefahren aufmerksam zu machen. Denn was ich beim Fall von Maria gelernt habe, ist, dass wir alle unvorbereitet den Problemen gegenüberstehen, die die Digitalisierung mit sich gebracht hat.

Es sollte eine Kurzgeschichte mit Kommentar werden. Dabei ist ein ganzes Buch entstanden. Während ich schrieb, haben mich neue Einzelheiten immer tiefer in das Geschehen der digitalen Welt verwickelt. Je mehr ich recherchierte, desto mehr wurde ich emotional hineingezogen. Darum, liebe Leser, nehmen Sie es mir bitte nicht übel, wenn ich meinem Frust und meinen Befürchtungen freien Lauf gelassen habe.

Ich möchte niemanden belehren oder mich als großer Experte aufspielen. Dieses Buch ist die Reise eines Arztes und Vaters, geboren in der Generation der Babyboomer, der in einer Zeit der großen Verunsicherung auf Zehenspitzen versucht, die Welt der heutigen Jugend zu betreten. Dabei sind viel Schmerz und Ratlosigkeit in mir hochgekommen, aber auch viel Liebe und Hoffnung. Es ist für uns alle eine Zeit der überwältigenden Veränderungen und wir können nicht nur zuschauen. Eltern und Kinder müssen zusammen die digitale Welt mit ihren Schattenseiten erforschen, wenn sie nicht von ihr mitgerissen werden wollen.

Prolog

Seit vierzig Jahren versuche ich als Arzt, den Leuten Mut zu machen. Wie ich es mache und ob es mir gelingt, hängt von vielen Dingen ab: von meiner Verfassung, von der des Patienten, von dem, was die Medizin dazu sagt und am Ende von dem, was mir mein Herz sagt. Diese Arbeit hat mir immer schon Freude bereitet.

In den letzten Jahren ist mein Job jedoch immer komplizierter und anstrengender geworden. Die Feinde unserer Gesundheit, die ich als Arzt kennengelernt habe und erfolgreich bekämpfen sollte, haben neue Gesichter bekommen. Die moderne Zeit hat neue „Schädlinge" in unsere Häuser gebracht. Sie haben sich vermehrt und neue Formen angenommen. Während meines Studiums war von diesen „Schädlingen" noch nichts zu hören. Man kannte zwar Bakterien und ähnliche Wesen, die unseren Körper angreifen und Krankheiten auslösen konnten, man kannte Schadstoffe und Gifte, vor denen man sich hüten musste. Man lernte, woher sie kamen, die Gefahren, die sie mit sich brachten und wie man sich vor ihnen schützen konnte.

Die letzten 25 Jahren haben viele Veränderungen mit sich gebracht, darunter das digitale Zeitalter, das uns mit neuen Herausforderungen überrumpelt und unser Leben auf den Kopf gestellt hat. Die neuen Sitten der digitalen Welt begleiten unseren Alltag und haben uns unbemerkt zu Versuchskaninchen gemacht. Ein Lebensstil, den wir nicht kennen und vor dem wir uns nicht schützen können, klopft an unsere Haustür. Begriffe wie **Facebook, YouTube, Twitter, Tinder, WhatsApp, Snapchat und Instagram** haben sich langsam in unsere Welt eingeschlichen und sich wie ein Virus im Wesen der Menschen eingenistet. Das Ungeziefer ist inzwischen so weit verbreitet, dass wir seine Anwesenheit gar nicht mehr wahrnehmen. Stillschweigend werden wir infiziert und lassen regungslos den Überfall auf uns und unsere Kinder zu. Körper und Geist leiden darunter, doch das kümmert scheinbar nur Wenige. Die Gesellschaft tut sich schwer, das Problem und dessen Ursachen zu identifizieren. Man kennt den Aufbau und die Hintergründe des Systems zu wenig. Man sieht nur die Folgen und ist als Eltern und Erzieher ratlos.

Es ist eine stille Revolution, die auch ich täglich in meiner Praxis erlebe, eine Revolution von solch gewaltigem Ausmaß, dass man sie als Arzt kaum ignorieren kann. Es steht vieles auf dem Spiel, wenn der Geist und die Struktur einer Gesellschaft ins Wanken geraten sind und keiner sich ernsthaft dagegen wehrt. Wir müssen anfangen, zu hinterfragen und Antworten zu verlangen. Das Überleben in der digitalen Zeit ist schon lange nicht mehr nur ein Problem der oberen Schicht, der hochvernetzten Wirtschaft und der Finanzwelt. Inzwischen ist die digitale Revolution von den Großstädten in die Peripherie und in jedes Seitental, bis zum letzten Bergbauernhof vorgedrungen. Wenn ich „vorgedrungen" sage, dann meine ich, dass die meisten von uns inzwischen täglich mehrere Stunden vor einem Bildschirm sitzen, vom Bewohner des städtischen Seniorenheimes bis zu seinem vierjährigen Enkel, von der Bergbäuerin auf dem hintersten Hof bis zum Fischermann auf hoher See, vom Familienvater bis zur Hausfrau, vom Schulkind bis zum Studenten. Eine Angewohnheit, die unser Dasein verändert hat.

Die Folgen dieser Revolution sehe ich täglich in meiner Praxis: Traurigkeit, Erschöpfungszustände, Angst- und Panikattacken, Burnout, Depressionen, Schwindelanfälle, psychosomatische Störungen, Magen-Darmentzündungen. Krankheitsbilder, die immer weiter verbreitet sind und den Leuten zu schaffen machen. Die ganze Gesellschaft und ihr Verhalten haben sich verändert: Was vor 15 Jahren noch unbekannt war, gehört inzwischen zum Alltag und prägt die neue Art des Zusammen-lebens und der Kommunikation. Täglich erlebe ich in meinem Umfeld neue Verhaltensmuster, die auf das „digitale Wunder" zurückzuführen sind und mich immer wieder aufs Neue zum Staunen bringen: Handy-Geklingel im Wartesaal. Patienten, die während der Arztvisite ohne auch nur mit der Wimper zu zucken einen Anruf entgegennehmen oder sogar ein längeres Gespräch führen. Kinder, die mit der Mutter erscheinen und die ganze Zeit am Tablet hängen, selbst wenn man sie anspricht. Jugend-liche, die während der Untersuchung ein Selfie machen oder noch schnell eine Nachricht versenden. Diese kleinen täglichen Angewohnheiten sind nur die Spitze des Eisberges, ein kleiner Teil des großen Ganzen, das tief in der heutigen Gesellschaft verwurzelt ist.

Wir alle – Jung und Alt, Arm und Reich, Frauen und Männer – sind im Web wie in einem Netz gefangen. Was das genau heißt, erlebt jeder auf seine Art: Der eine „surft", der andere „chattet", wieder andere „connecten" sich. Die Amerikaner, Pioniere der digitalen Welt, haben eine treffende Bezeichnung für die ständige Vernetzung: „Constant Alert" bedeutet so viel wie „ständig auf der Hut, immer wachsam, durchgehend in Alarmbereitschaft sein".

Wie gut unser Körper die ständige Alarmbereitschaft verkraften kann, zeigen die vollen Wartezimmer der Arztpraxen und der steigende Ver-brauch an Beruhigungsmitteln, Schlaftabletten und Psychopharmaka. Wie es so weit kommen konnte, versuche ich in diesem Buch zu erörtern. Denn die digitale Realität ist eine Welt für sich, die man kennen muss.

Ich möchte dieses Buch all jenen widmen, die sich in der digitalen Wach-samkeit wieder bewusst werden möchten, was es heißt, Mensch zu sein – im Gegensatz zum Online-sein. Das Leben ist ein Geschenk, das zu kostbar und einzigartig ist, um es nur hinter dem Bildschirm zu verbringen.

Die verborgene Welt

Der Fall von Maria

Maria ist 16 Jahre alt. Sie lebt in einem kleinen Dorf und geht dort zur Schule. Ich kenne sie von klein auf und habe sie heranwachsen gesehen. Ich kenne ihre Eltern, ihre Geschwister, ihre Großeltern und ihre Cousinen.

Marias Familie gehört der Mittelschicht an. Der Vater ist Angestellter, die Mutter Lehrerin. Als Hausarzt nach dreißig Jahren im Dorf kennt man die Familien in- und auswendig. Marias Familie habe ich immer als „pflegeleicht" eingestuft: Ein bodenständiger Vater und eine Mutter mit gesundem Hausverstand haben die Familie geprägt und ihr eine positive Lebenseinstellung vermittelt. Das Ganze spiegelt sich im Charakter der drei Kinder wider, die lustig und lebensfroh sind.

Vor nicht allzu langer Zeit erscheint die Mutter in meiner Praxis. Es geht um die jüngste Tochter, die einst sonnige und lebensfrohe Maria, die immer offen und wohlauf, heiter und weltoffen war, die Bewegung in ihre Familie und ihren Freundeskreis gebracht hat.

Die Mutter erzählt, dass ihre Tochter sich seit einigen Monaten komisch verhält: Sie verkriecht sich mit dem Smartphone in ihrem Zimmer und ist meist ruhig und wortkarg. Wenn sie etwas sagt, dann sind es meistens Klagen gegen die Schule und die Lehrer, Kritik an ihren Kollegen und Bekannten. Maria lacht nur noch selten und nimmt nicht einmal mehr die Geige zur Hand, obwohl Musik eigentlich immer ihr Lieblingshobby war. Die Mutter bemerkt, dass sie mit Ausdrücken wie „Loser", „gestört", „behindert", „Goaner", „Stoller" und Ähnlichem Menschen abstempelt und in der Familie immer öfter mit Kritik und negativen Kommentaren auffällt. Es gibt Momente, in denen sie plötzlich in Tränen ausbricht und klagt, sie fühle sich alleine, habe keine Freunde und führe ein wertloses Leben.

Ein paar Wochen später kommt die Mutter wieder zu mir und erzählt besorgt, dass Maria seit Tagen nur mehr im Bett liegt, heult und sich vor Verzweiflung windet. Sie will nicht mehr zur Schule gehen, sie will weder essen noch aufstehen. Weil ich in den Augen der Mutter den Schmerz und die Ratlosigkeit sehe, beschließe ich, einen Hausbesuch zu machen. Im Dorf ist der Hausarzt immer noch die erste Anlaufstelle für jedes Problem.

Als ich am späten Nachmittag das Haus betrete, kommen mir der Vater und der ältere Bruder mit traurigem Blick entgegen. Ich sehe die Sorge in ihren Augen. Maria selbst liegt im Bett ihres verdunkelten Zimmers und versteckt sich unter der Decke. „Hallo Maria, der Doktor ist da", sagt die Mutter leise. Ich setze mich ans Bett und knipse die Nachttischlampe an. Maria dreht sich zu mir. Ich erkenne sie kaum wieder. Vor mir keine Spur vom einst lächelnden Sonnenkind. Die Augen sind rot und angeschwollen, die Haare verklebt und der Gesichtsausdruck verkrampft. Ich gebe ihr die Hand zur Begrüßung und frage sie, wie es ihr geht. Maria öffnet die Augen, dann verschwimmen sie hinter Tränen. „Ich pack es nicht mehr, ich will nicht mehr, ich will sterben!"

Jung und lebensmüde?

Wie die Geschichte weitergeht, ist schnell erzählt: Maria fällt in eine tiefe Depression, weint bitterlich stundenlang bei Tag und bei Nacht. Wenn sie spricht, schluchzt sie, dass sie Angst habe. Angst, es nicht mehr zu schaffen, Angst vor der Schule, Angst vor den Kollegen und selbst vor ihren besten Freunden, Angst vor dem Leben. Sie spüre, dass sie ein ganz anderer Mensch geworden sei. Sie habe etwas, das im Inneren schmerzt und drückt. Vater, Mutter, Bruder und Schwester, alle sind bedrückt und leiden mit ihr. Dauernd sitzen sie an ihrem Bett, umarmen und streicheln

sie, sprechen ihr Mut zu, massieren ihr Hände und Rücken. Manchmal weinen sie mit ihr. In der Nacht schläft sie bei der Mutter im Ehebett. Bei Tisch stochert sie lustlos im Essen herum.

Nun macht sich auch in mir Ratlosigkeit breit. Die Lage verschärft sich, Maria geht nicht mehr zur Schule. Jeder Tag ist ein Albtraum, der alle mitreißt. Bei meinen Hausbesuchen versuche ich mit Maria zu reden, um ihre plötzliche Lebenskrise zu entziffern. Aber Maria betont immer nur dasselbe: „Ich weiß nicht, was mit mir los ist. Keiner versteht mich. Ich schaffe es nicht mehr, ich kann nicht mehr!" Immer wieder fleht sie: „Lasst mich sterben!", was auf ernste Suizidgedanken schließen lässt. Maria fällt immer tiefer in ein dunkles Loch. Gemeinsam mit den Eltern beschließe ich, Maria sofort Beruhigungsmittel zu verabreichen. Sie beginnen nur langsam zu wirken.

Nach einigen Tagen holen wir einen Psychiater zu Hilfe, der zu einer Therapie mit Antidepressiva rät. Diese Medikamente werden bei jungen Menschen nicht ohne Weiteres und nur in besonderen Fällen verabreicht. Da Suizidgedanken die Situation besonders akut erscheinen lassen, gibt es keinen Zweifel: Maria erhält Medikamente und eine Psychotherapie. Der Vorschlag, sie vorübergehend in eine psychiatrische Abteilung einzuliefern, wird von Maria vehement abgelehnt. Sie bleibt während der Behandlung zuhause, wird aber nie alleine gelassen. Ihre Familienmitglieder wollen sie immer wieder dazu überreden, aufzustehen und spazieren zu gehen. Sie sitzen abwechselnd an ihrem Bett und versuchen ihr Hoffnung und positives Denken zu vermitteln.

Die Tage vergehen und die Lage beginnt sich zu verbessern. Nach zwei Monaten Therapie weint Maria weniger, sie hat wieder kurze Momente der Freude. Das sind Augenblicke, in denen sie spricht und etwas von ihrer inneren Welt preisgibt, Momente, in denen wir einige Antworten auf unsere vielen offenen Fragen bekommen. Eines Nachmittags spreche ich lange mit Marias Eltern und ihrer großen Schwester. Plötzlich öffnet sich auch Maria, es ist wie bei einem Dammbruch. Für mich sind Marias vertrauliche Enthüllungen wie eine Reise in eine unbekannte und beunruhigende Welt, von deren Existenz ich bis dahin keine blasse Ahnung hatte.

Die Vernetzung der Jugend

Die Gespräche, die ich bei meinen Hausbesuchen mit Maria und ihrer Mutter führe, sind sehr lehrreich für mich. Maria weint immer noch häufig, manchmal windet sie sich im Bett, schlägt mit den Händen gegen den Kopf und schluchzt: „Ich bin nicht mehr dieselbe. Ich erkenne mich selbst nicht wieder, ich bin verrückt geworden!" Sie versteckt das Gesicht unter der Decke, ist unruhig, verschlossen und apathisch, manchmal auch aggressiv und böse.

Mir fällt auf, dass sie eines immer bei sich hat: ihr **Smartphone.** Wie einen wertvollen Schatz, eine kleine Schatzkiste, hält sie das Ding krampfhaft in den Händen, legt es unter den Kopfpolster. Es ist ihr ständiger Begleiter, Tag und Nacht. Als ich Maria frage, ob sie das Handy nicht für eine Weile auf den Nachttisch legen will, tut sie das mit einer Miene des Unmuts. Es dauert nicht lange, da klammert sie sich auch schon wieder daran. Ich scherze mit ihr und frage sie, ob das Smartphone so etwas wie eine Bibel für sie sei, oder warum sie es so wichtig finde. Da meldet sich Marias große Schwester Katja zu Wort. Zum ersten Mal fällt der Name **Instagram:** „Man muss ja schauen, was auf Instagram passiert".

Voller Begeisterung erklärt mir Katja, wie diese „App" funktioniert, dieses kleine Programm fürs Smartphone: Instagram ist ein kostenloser Dienst, um Fotos und kurze Videos übers Internet mit anderen Menschen zu teilen. Jeder, der ein Smartphone hat, ein „intelligentes Telefon", kann mitmachen und Momente aus dem eigenen Leben mit Nutzern aus aller Welt teilen. In erster Linie dreht sich Instagram um „Selfies": Das sind mit dem Smartphone aufgenommene Selbstporträts, die dokumentieren, was man gerade macht und wo man gerade ist. Bilder und Videoclips von Prominenten erfreuen sich auf Instagram großer Beliebtheit. Das sind einerseits Berühmtheiten aus der analogen Welt wie Adele oder selbst Papst Franziskus, andererseits aber auch Persönlichkeiten, die ganz allein durch Instagram zur Berühmtheit gekommen sind. „Jeder, der regelmäßig Sachen im Internet ‚postet' und eigene Texte auf einer Webseite veröffentlicht, ist ein Blogger", erzählt Katja, „aber wirklich interessant sind die Wichtigen, die **‚Influencer'** [Einflussnehmer], mit den vielen **‚Followern'** [Folgern]! Auf Instagram sieht man, wie sie leben und was sie gerade machen. Wer einen interessiert, dem ‚folgt' [*to follow* = folgen] man, um immer seine neuesten Bilder zu sehen. ‚Posts', das sind

Beiträge, kann man ‚liken', also positiv bewerten, oder öffentlich sichtbar kommentieren. Das alles ist gratis!", betont sie.

Als ich frage, ob sie und ihre Schwester bei diesem „Spiel" mitmachen, meldet sich die Mutter zu Wort. Ich erfahre, dass Maria, von der großen Schwester angespornt, seit vier Jahren ein Instagram- und Facebook-Profil hat, einen eigenen YouTube-Kanal besitzt und intensiv WhatsApp nutzt. Maria hat 2400 Follower auf Instagram. Sie ist eine stolze Bloggerin und erhält regelmäßig über 600 Likes auf ihre Instagram-Posts. Obwohl ich die Hälfte dieser Bezeichnungen nicht kenne, frage ich, wie viel Zeit sie eigentlich braucht, um da überall mitzumachen. Die Mutter erzählt traurig, dass sie mit ihren Töchtern seit Jahren einen Krieg ums Smartphone führt – ohne Erfolg. Sie spricht von Tagen, an denen vor allem Maria stundenlang übers Handy gebeugt dasitzt und nicht einmal eine Essenspause einlegt. Alle paar Sekunden geht ein Klingelton los und ihre Finger tippen wie verrückt auf der kleinen Tastatur herum. Die Mädchen wollen alles erfahren: wer wo wann was getan hat, wer mit wem wo war und wie alles gelaufen ist.

Das Wochenende ist eine ruhige Zeit im Haus, erzählt die Mutter, denn die beiden Töchter und immer öfter auch der Sohn, liegen wie gelähmt auf dem Wohnzimmersofa, den Blick auf das Handy gerichtet, die unzähligen Instagram- und Snapchat-Beiträge bewundernd. Im Sekundentakt trudeln Bilder aus der ganzen Welt ein, von Tokio bis Los Angeles, von Oslo bis Johannesburg und von Matrei am Brenner bis nach Salurn. Nach drei bis fünf Sekunden haben sich die Jugendlichen auch schon sattgesehen und wischen weiter zum nächsten Foto oder Video.

Rechnet man das hoch, sind es vierzig Bilder pro Minute, 240 Bilder pro Stunde, ein paar Tausend Bilder an einem Vormittag am Wochenende.

Bilder von grölenden Partyhechten aus aller Welt, die zeigen wollen, wie glücklich und toll sie doch sind. „Show ist das Wichtigste", bemerkt die große Schwester. Gerne sehen sie sich auch die **„Stories"** berühmter Influencer an, das sind kurze Videos oder Fotos, die chronologisch geordnet abgespielt werden. Es fallen Namen von Personen, die für mich bislang vollkommen unbekannt waren, online aber scheinbar berühmter als Paul McCartney und Michael Jackson sind. Maria und ihre Schwester erzählen von einer gewissen Chiara Ferragni und ihrem Partner Fedez, die auf ihrem Instagram-Profil ihr ganzes Privatleben zur Schau stellen und sogar zeigen, wie sie ihrem Sohnemann die Windeln wechseln und dies wohl bemerkt mit über 17 Millionen Followern.

Ich lasse mir mehr über dieses mir bis dahin unbekannte Netzwerk erzählen. Und so erfahre ich weiter von Katja: „Lele Pons ist ganz berühmt. Sie zeigt sich ihren 36 Millionen Abonnenten mit ihrer neuen Gucci-Tasche. Julia Engel hingegen hat fast zwei Millionen Follower und ist mit einem silbernen Oberteil in ihren Swimmingpool gesprungen. Mariano di Vaio hat ‚nur' sechs Millionen Abonnenten und er postet Selfies, wie er in einem Restaurant Kaviar isst. Kim Kardashian ist mit ihren 146 Millionen Abonnenten nun wirklich total famous. Auf ihrem Instagram-Profil zeigt sie sich halb nackt vor dem Spiegel und demonstriert ihre Rundungen."

Die Mutter erzählt, dass Maria seit mehr als einem Jahr ständig **Selfies** macht: Allein vor dem Spiegel oder zusammen mit Freundinnen posiert sie und zeigt sich von ihrer besten Seite. Unzählige Bilder werden geknipst, detailliert begutachtet, aussortiert und bearbeitet. Die besten werden auf Instagram veröffentlicht. Das alles geschieht in der Schule, zu Hause, im Restaurant, beim Ausgehen, bei Bergtouren und besonders gerne auf Reisen. „Fotos machen, wo auch immer man gerade ist", scheint die Devise zu lauten – es muss halt was hermachen. Die

Jugend spricht gerne von „Fotoshooting": Was früher nur den Stars vorbehalten war, kann seit dem Smartphone prinzipiell jeder machen. Unter Marias Posts finden sich zahlreiche Selfies auf Berggipfeln oder am Meer. Wahrscheinlich, damit die Welt sehen und bewundern kann, wie cool, schön, sportlich und perfekt sie doch ist. Auch in Katjas **„Feed"** wimmelt es nur so von diesen Bildern. Ein Feed ist die chronologische Aneinanderreihung der letzten Beiträge der Instagramer, denen man folgt.

Auf Instagram, Snapchat und Facebook gilt: **Dabeisein ist alles.** Wer mitreden will, muss vielen Leuten folgen, und wer ernst genommen werden will, dem müssen viele Leute folgen.

Der Mutter schießen Tränen in die Augen, als Maria plötzlich ihren Blick hebt und mit gebrochener Stimme sagt: „Ihr alle könnt das nicht verstehen! Ich muss dabei sein, ich muss mitmachen, denn sonst verliere ich die Freunde. Jeder muss dabei sein, denn sonst schreibt die Gruppe einen ab." Am Ende sagt sie: „Ich hasse mich, ich kann nicht mehr mitmachen, ich bin ein Loser und das wissen jetzt alle!"

Diese Worte haben mich begreifen lassen, dass hier unglaublich viel dahintersteckt, von dem ich bislang nichts gewusst habe. Maria ist gefangen in ihrer digitalen Welt, zu der ihre Eltern keinen Zutritt haben. Eine Welt mit eigenen Regeln, in der es am wichtigsten ist, sich rund um die Uhr von seiner besten Seite zu zeigen. Maria hat um jeden Preis versucht, beim Rennen mitzumachen und jederzeit ein Bild der Perfektion präsentiert.

Doch dieses Bild existiert nicht mehr. Es ist in sich selbst zusammengebrochen, gemeinsam mit Marias Onlinewelt, der sie nun Rechenschaft über ihre tiefe Verzweiflung schuldig zu sein glaubt. Maria spürt, dass das Netz auf sie wartet und schämt sich. Wo sind sie jetzt, ihre Hunderte von Freunden? Sie sucht sie vergebens. Dass sie jetzt weinend im Bett liegt und versucht, durch Psychotherapie und Medikamente die Angst vor dieser Welt zu überwinden, weiß niemand. Hier hat sie keinen Follower mehr, keinen digitalen Freund, der ihr den Kopf streichelt oder der sie mit einem Like von ihrem Schmerz befreit. Maria ist alleine in ihrer digitalen Welt.

Vernetzt und doch allein?

Was soll man zu dieser Geschichte sagen? Sie hört sich an wie ein Psychothriller aus Hollywood, eine erfundene Geschichte eines fantasievollen Regisseurs, der die Kinowelt mit neuen Themen überraschen will. Allerdings ist sie keine Fiktion, sondern Realität – und sie spielt nicht in

Hollywood, sondern in einem Südtiroler Seitental. Maria hat Glück gehabt. Sie hat sich geöffnet und zugelassen, dass man ihr hilft, sodass die Familie ihr beistehen und im entscheidenden Moment ärztliche Hilfe holen konnte, um sie aus dem tiefen Loch der Depression zu holen.

Vielen anderen Jugendlichen im Alter von Maria ist es nicht so ergangen. 2400 Selbstmordversuche bei Teenagern gibt es jährlich in Deutschland. Bei 600 von ihnen kommt jede Hilfe zu spät. Die Anzahl der Selbstmordversuche bei Jugendlichen in Südtirol ist ebenfalls erschreckend. Mehr als die Hälfte der Fälle ist irgendwie mit dem Gebrauch von digitalen Medien verbunden: **Cybermobbing, Onlinesucht, Leistungsdruck** und **Minderwertigkeitsgefühle.**

Experten sehen seit Jahren einen Zusammenhang zwischen Depressionen und der Verwendung von Smartphones und sozialen Netzwerken: „Seit Erscheinen des ersten iPhones im Jahr 2007 stieg die Selbstmordrate und Depressivität bei Teenagern massiv an", behauptet die US-Psychologin Dr. Jean M. Twenge in einem Gastbeitrag im US-Magazin *The Atlantic.* Die Jugendlichen von heute würden viel später unabhängig, hätten weniger Freunde und seien häufiger depressiv oder sogar suizidal.

„Haben Smartphones eine Generation zerstört?", fragt die Psychologin provokant. Ihre Antwort darauf ist so ausführlich wie unangenehm: Twenge zitiert mehrere aussagekräftige Studien und befragt ihre Studenten, was sie mit dem Smartphone machen, wenn sie schlafen gehen. Die meisten von ihnen geben an, mit dem Gerät unter dem Kopfkissen oder der Matratze zu schlafen, einige legen es auf den Nachttisch. Das letzte, was sie vor dem Schlafengehen sehen, ist das Smartphone, und morgens weckt es sie auf. Wenn sie nachts aufwachen, beschäftigen sie sich damit. Die Art, wie sie selbst davon sprechen, zeigt erste Anzeichen einer Sucht: „Ich weiß, dass ich das nicht tun sollte, aber ich kann nicht anders!" Andere sehen das Smartphone als Erweiterung ihres Körpers oder sprechen davon, als wäre es eine leibhaftige Person: „Mein Telefon nahe bei mir zu haben während ich schlafe, gibt mir Geborgenheit", erklärt eine von Twenges Studentinnen.

Geborgenheit oder Einsamkeit?

Die Geborgenheit, die die junge Dame im Smartphone sucht, hat Maria wieder bei ihrer Familie gefunden. Inzwischen sind sechs Monate seit ihrem Nervenzusammenbruch vergangen und es geht ihr besser. Sie nimmt noch ein leichtes Antidepressivum, um ihre immer seltener werdenden Rückfälle zu meistern, geht wieder regelmäßig zur Schule und hat nach langen Diskussionen mit ihren Eltern wenigstens ein paar Apps von ihrem Smartphone eliminiert. Außerdem stellt sie keine Fotos mehr ins Netz und hat ihren Instagram-Account gelöscht.

Maria kann man als geheilt betrachten, auch wenn man merkt, dass sie die Krise noch nicht ganz vergessen hat. Allerdings habe auch ich noch lange über das alles nachgedacht und versucht, Marias Geschichte auf den Grund zu gehen.

Zusammen auf der Suche

Wie sehr haben die Patientin und ihre Familie unter dem Schmerz und der Hilflosigkeit gelitten? Ein junges Mädchen, ein Kind, das sich das Leben nehmen will, ist eine Tragödie – nicht nur für sich selbst und die Familie, sondern für die ganze Gesellschaft. Auch für mich als Arzt war vieles unbegreiflich, neu und erschütternd.

Wir alle – Eltern wie Jugendliche – stehen vor einer großen Herausforderung, schließlich werden die Probleme, mit denen wir konfrontiert werden, täglich vielfältiger und tiefgreifender. Aus diesem Grund habe ich beschlossen, Marias Geschichte aufzuschreiben. Vielleicht kann sie Jugendlichen und Eltern dabei helfen, Schmerz und Tragödien zu vermeiden, denn digitale Medien sind zu schnell in unsere Welt eingedrungen, als dass wir uns in unserem Menschsein an sie hätten anpassen können.

Ich schreibe dieses Buch zusammen mit Maria und Katja: **Zwei Generationen zusammen auf Entdeckungsreise in der digitalen Welt.** Eine Reise ins Unbekannte, voller Verstecke und Hinterhalte. Eine ernüchternde Analyse eines Zeitalters, dem wir alle angehören. Ein Versuch, die Ursachen der Verzweiflung Marias zu begreifen.

Das erste Treffen: Welcome Smombies

Es ist unser erstes Treffen nach den Weihnachtsferien. Die zwei Schwestern kommen gut gelaunt in die Praxis. Maria hat ihren fröhlichen Gesichtsausdruck zurückgewonnen, keine Spur mehr von Trauer, auch wenn ich merke, dass sie ein wenig aufgeregt ist. Über Monate hatte sie bei mir ihren Schmerz ausgeweint und nun kommen die alten Erinnerungen wieder hoch. Ich versuche, die Situation aufzulockern und frage scherzend: „Ich hoffe, ihr habt eure Smartphones mit dabei!" „Ja natürlich!", bestätigen sie wie aus einem Munde. „Dann kann ich also behaupten, ihr seid zwei typische **Smombies!"**

Die beiden Mädchen schauen mich verwirrt an: „Zombies? Was?" „Nein, Smombies!", wiederhole ich. „Schon mal was davon gehört? Wenn nicht, dann werdet ihr euch sicherlich an die Zombies erinnern, die unheimlichen Gruselfiguren mancher Horrorfilme, die abwesend durch die Gegend tappen, genauso wie ‚Smombies', **‚Smartphone-Zombies',** die durch ihr Mobiltelefon so stark abgelenkt sind, dass sie ihre Umgebung gar nicht mehr richtig wahrnehmen. 2015 wurde ‚Smombie' sogar zum Jugendwort des Jahres gewählt." Die zwei Mädchen hören aufmerksam zu. „Erkennt ihr sie nun?", frage ich, sie starren mich an. „Augen auf! Die

Welt ist voll von Smombies. Man findet sie überall, wo man auch hinschaut. Man sieht sie in Städten und auf dem Land, die Straßen entlang spazierend, auf Parkbänken sitzend, an Brückengeländern lehnend, oft am Boden im Schneidersitz hockend, in Gruppen oder allein, aber immer den Blick aufs Smartphone gerichtet. Von dieser neuen Gattung gibt es die verschiedensten Arten:

Die **mobilen Smombies** gehen immer geradeaus, als wären sie blind. Sie prallen gegen Fußgänger oder andere Smombies, rennen gegen Straßenlaternen, Mülleimer, Radfahrer und nicht selten müssen Autos ausweichen, um sie nicht über den Haufen zu fahren. Noch schlimmer ist das bei Straßenbahnen: Oft hören Smombies wegen ihrer Kopfhörer keine Warnsignale, kein Hupen und sind daher der Albtraum jedes Auto- und Straßenbahnfahrers.

Die **Smombie-Mütter** sind jene Damen, die mit einer Hand telefonieren und mit der anderen den Kinderwagen mit dem schreienden Kind vor sich herschieben. Man sieht sie auch still auf den Parkbänken der Kinderspielplätze vor dem kleinen Bildschirm sitzen, während ihr Kind irgendwo spielt und vergeblich nach der Mutter ruft.

Die **U-Bahn-, Zug-** oder **Straßenbahn-Smombies** schmücken ruhig und brav dasitzend wie Statuen unsere öffentlichen Verkehrsmittel. Gerne isolieren sie sich mit Kopfhörern gegen nervige Kontrolleure oder Senioren, die eigentlich gerne einen Sitzplatz hätten.

Smombie-Schüler sieht man häufig im Rudel: Wie Verurteilte, die dem Galgen entgegenschreiten, humpeln sie apathisch über den Schulhof."

Die Mädchen können sich kaum noch halten vor lauter Lachen. Ich fahre fort:

„Dann gibt es die **Fahrrad-Smombies,** oder noch schlimmer, die **Auto-Smombies,** die während des Fahrens auf dem Handy herumtippen und damit ihr eigenes Leben und das aller anderen Verkehrsteilnehmer aufs Spiel setzen.

Typisch sind auch die **Wartesaal-Smombies** in den Arztpraxen oder den Wartehallen der Bahnhöfe und Flugplätze, genauso wie die **Kino-** und **Theater-Smombies,** deren Handys mitten in der Aufführung läuten und den ganzen Saal stören.

Sehr interessant sind die **Konzert-Smombies!** Das sind Zuschauer, die hundert Euro oder mehr für ein Ticket in der vordersten Reihe bezahlen und mit ausgestrecktem Arm oder „Selfie-Stick" das gesamte Konzert filmen, nur um es später auf dem kleinen Bildschirm noch einmal „besser" ansehen zu können.

Am Ende muss ich euch noch von den **Bar- und Restaurant-Smombies** erzählen, die zusammen am Tisch sitzen, alle am Smartphone, niemand spricht miteinander. Oder das Gegenteil: Diejenigen, die das Smartphone während des Essens schön neben dem Teller ablegen und nur darauf warten, dass sie jemand anruft, um dann lauthals und scheinbar endlos ein für jeden hörbares Telefonat zu führen, mal mit Kopfhörern, mal im Freisprechmodus.

Kennt ihr diese Bilder aus unserem Alltag?", frage ich die lachenden Mädchen. Sie nicken: „Ja Herr Doktor, das sind wir doch alle, oder?" Ja, das sind wir, die neuen Weltbewohner. Die Generation „Head Down", benannt nach der typischen Körperhaltung der Smombies, die ohne Hemmungen zugeben, täglich drei bis vier Stunden am Handy zu sitzen.

Sie sind süchtig, werden aggressiv und unruhig, wenn sie mal eine Stunde lang offline sind und sich nicht mehr auf dem Stand der Dinge glauben. Maria und Katja sitzen vor mir und lachen über die neue Identität, die ich ihnen attestiert habe. Als Smombie bezeichnet zu werden ist für sie etwas Neues. Sie müssen aber meiner Beschreibung zustimmen und scherzen darüber. Katja macht gleich ein Bild von ihrer Schwester: „Hier ein Foto der ‚Miss Smombie 2019'!"

Die Nabelschnur zur Welt

Es ist Dreikönigstag. Obwohl es geschneit hat, sind die beiden Schwestern zu mir in die Praxis gekommen. Wieder lachen wir über den Begriff „Smombie", Maria und Katja haben inzwischen auch mit ihren Freunden darüber gesprochen. Einige kannten den Begriff schon, andere haben sich darüber gewundert und nur wenige fühlten sich betroffen. „Das war auch gut so", meint Maria, „wir wollten ja niemanden beleidigen!"

„Jetzt lasst uns einmal schauen, was an diesem kleinen Gerät so wertvoll ist, dass ganze Generationen davor den Kopf senken!", leite ich die Diskussion ein. Die Schwestern halten ihre Handys fest in der Hand, vielleicht um zu verhindern, dass unser Gespräch ihnen etwas anhaben kann.

Schatzkiste Smartphone

„Wie hat das alles eigentlich angefangen? Nun, die Geschichte ist schnell erzählt: Ein paar geniale Computerfreaks setzten sich Anfang der Siebzigerjahre in Kalifornien zusammen und entwickelten ein System, das durch elektrische Impulse Nummern, Buchstaben und schließlich ganze Sätze aufbauen kann. Es war der Beginn der digitalen Kommunikation, die Geburtsstunde des modernen Computers. Am Anfang handelte es sich noch um raumgroße Maschinen, später wurden sie immer kleiner, bis wir nach dem Desktop-PC, dem Laptop und dem Tablet schließlich beim Smartphone gelandet sind. Die ersten Exemplare wurden in den späten Neunzigerjahren entwickelt, aber erst mit dem ersten iPhone im Jahr 2007 gelang der Durchbruch. Wenn man so will, ist das Smartphone der König unter den digitalen Geräten, ein Mobiltelefon, das viele Funktionen eines Computers beherrscht und einen berührungsempfindlichen Bildschirm besitzt, den sogenannten Touchscreen. Das Wichtigste aber ist die kabellose Internetanbindung, die es einem jederzeit und überall ermöglicht, das Word Wide Web zu nutzen." „Es ist gleichzeitig eine **Nabelschnur ins Unendliche",** wirft Katja ein, „und eine Schatzkiste mit wertvollem Inhalt."

„Ja", setze ich fort, „man bekommt das gesamte Wissen, Nachrichten aus aller Welt, Musik aller Genres auf einem nur wenige Quadratzentimeter großen Bildschirm geliefert. Man findet alles, was es auf dem Planeten gibt und kann fragen, handeln, kaufen sowie verkaufen. Man bekommt Antworten und Ratschläge auf alle Fragen, und wenn man will, findet man sogar Freunde oder Partner in der gleichen Stadt oder auf einem anderen Erdteil. Das alles passiert im Sekundentakt, ermöglicht durch ein kleines Gerät, das man mit sich trägt wie eine Geldbörse. Ein echtes Wunder, das vor 15 Jahren noch undenkbar gewesen wäre, ein **Quantensprung für die Menschheit."**

„Warum aber soll man sich dann nicht dafür begeistern und das neue Zeitalter begrüßen?", unterbricht Maria mich skeptisch. „Wieso spricht man bei den Nutzern von Smartphone-Zombies, wenn es doch eigentlich so nützlich ist?", fragt sie.

Ich erkläre weiter: „Eines muss uns klar sein: Es ist nicht die Schuld des Geräts, wenn wir alle zu Zombies oder besser gesagt Smombies werden. Die Erfindung der digitalen Medien war genial und bahnbrechend, es gibt viel Gutes an dem, was uns in letzter Zeit mit einem Klick gelingt. Vor hundert Jahren noch hätte man die Vorteile, die wir durch das Herunterladen von Apps erhalten, als göttliche Wunder bezeichnet. Wir sind ständig erreichbar, was etwas Gutes ist, besonders, wenn man allein unterwegs ist und vielleicht Hilfe braucht. Wir werden vor Gefahren gewarnt, sogar vor Naturkatastrophen. Wir können jede Art von Musik hören, fotografieren, Videos drehen, haben einen direkten Draht zu einer ständig aktualisierten Enzyklopädie, wir bekommen Informationen zu jedem Problem und finden alle Reiseziele in kürzester Zeit. Die Liste der Annehmlichkeiten könnte ewig fortgesetzt werden."

Katja holt kurz Luft und betont die **Sonnenseiten des digitalen Zeitalters:** „Die digitale Technik hat in vielen Situationen unser Leben grundlegend erleichtert. Die Vernetzung als Möglichkeit, Informationen und Wissen zu erhalten und zu teilen und Schutz und Sicherheit für unser Leben zu bekommen, ist eine absolut positive Errungenschaft der modernen Zeit, die man nicht infrage stellen kann.","Ja, da muss ich dir rechtgeben", pflichte ich ihr bei. „Für bestimmte Verwendungszwecke war das Smartphone tatsächlich eine einzigartige Erfindung." Ich glaube, dass vieles von dem, was die Mädels zu ihrer eigenen Verteidigung aufgelistet haben, der Wahrheit entspricht. Aber schauen wir uns das alles noch ein bisschen genauer an.

Geködert: soziale Netzwerke

Wir haben eine zehntägige Gesprächspause eingelegt, in der ich viel über die Ansichten der beiden jungen Smombies nachgedacht habe. Ganz unrecht hatten sie ja nicht. Wäre das Smartphone das geblieben, wofür es ursprünglich konzipiert war, nämlich ein besseres Telefon mit Kamera und Kopfhöreranschluss, dann wäre die ganze Diskussion über Abhängigkeit und Depressionen hinfällig. Man müsste zufrieden sein, dass jeder eines besitzt und man müsste es jedem als Lebensbegleiter wie Uhr, Brille oder Brieftasche empfehlen.

Doch die **Wunderkiste Smartphone** hat sich weiterentwickelt. Als wir uns wieder treffen, erläutere ich den Mädchen die Resultate meiner Nachforschungen über die Entwicklung des Smartphones: „Die Erfinder des Smartphones haben sich nicht mit den Grundfunktionen des Geräts begnügt. Nein, die berühmten Garagentüftler Steve Jobs, Bill Gates, Larry

Page, Mark Zuckerberg und wie sie alle heißen, haben bald das unendliche Potenzial erkannt, das sich hinter ihren digitalen Erfindungen versteckt. Die Möglichkeit, auf kleinen Geräten enorme Mengen von Daten zu speichern und Riesenprogramme auf kleinen Siliziumchips zu installieren, hat die Fantasie dieser Herren beflügelt. Ihr Traum war es, dass wir alle nicht nur ein Smartphone besitzen, sondern auch noch über das Internet miteinander vernetzt sind. Massenkommunikation! Jeder sollte mit jedem reden können, jeder sollte alles sehen, beurteilen, fotografieren und an jeden Erdbewohner weiterleiten können. Für diese digitalen Verbindungen hat sich der Name soziale Netzwerke etabliert. Diese virtuellen Treffpunkte, auch Plattformen genannt, wurden im Laufe der Zeit umfangreich ausgeweitet und sind mittlerweile so beliebt geworden, dass man heute einfach dabei sein muss – anders ist es fast nicht mehr möglich. Durch kleine Zusatzprogramme, die ‚**Apps**', konnten die Fähigkeiten der Smartphones stark erweitert und deren Absatz erneut gesteigert werden."

Meine Gesprächspartnerinnen hören mir konzentriert zu. Das Thema kennen sie zwar, aber von einem Erwachsenen erklärt, ist es etwas anderes. Ich hole weiter aus: „Wie ihr selbst am besten wisst, sind wir alle inzwischen auf irgendeine Weise miteinander verknüpft. Zuckerberg und seine Kollegen haben uns schrittweise an ihre Erfindungen gefesselt, was eigentlich gar nicht so schwer war. Wie schlaue Fischer haben uns die Herren aus dem ‚Silicon Valley' geködert, indem sie uns eine Gratisreise in die unendlichen Ozeane der digitalen Welt angeboten haben. Wir haben das Angebot bedenkenlos angenommen. Als gutgläubige Fische schwimmen wir voller Begeisterung in ihre Netze hinein, ohne zu sehen, dass diese überall gespannt sind und immer engmaschiger werden. Es gibt kein Entkommen!", seufze ich. „Aber wie konnten wir den digitalen Riesen überhaupt nichtsahnend ins Netz gehen?", frage ich in die Runde.

Die Mädchen sind voll bei der Sache. Der Gedanke daran, selbst der Fisch in der Geschichte zu sein, spricht sie direkt an und lässt sie ein bisschen unruhig werden.

Die Fischernetze

Als ich weiterspreche, hören die Schwestern gebannt zu: „Diese Computerherren sind auf ihre Art besonders genial gewesen. Sie haben uns von dem Augenblick an, an dem wir angebissen haben, nicht mehr losgelassen. Sie wussten, dass sie durch den von überall aus einfachen und vor allem kostenlosen Zugang zum Internet eine Revolution ausgelöst hatten. Über das Smartphone war die erste große Brücke zu jedem einzelnen Telefonbesitzer geschlagen. Der Fisch hatte angebissen. Jetzt ging es nur noch darum, den Köder immer appetitlicher zu machen, damit der Fang auch in Zukunft reich ausfallen würde."

Ich setze fort: „Die amerikanischen Computergenies waren darin unschlagbar. Mit viel Fantasie, unheimlicher Menschenkenntnis und schlauen Tricks haben sie sämtliche Plattformen im Internet nach dem gleichen Prinzip aufgebaut. Die virtuellen Treffpunkte wurden derart attraktiv gestaltet, dass sich die Nutzer aus eigenem Antrieb, ja sogar mit Begeisterung, registrierten und ihre Kommunikation langsam ins Netz verlagerten. Die Plattformen wurden zu einem immer beliebteren Treffpunkt im World Wide Web." „Stimmt!", merkt Katja an. „Wir sind ja alle auf irgendeiner Plattform präsent, sonst wäre das Smartphone doch überflüssig. Es ist cool, mit Menschen aus aller Welt verbunden zu sein. Nebenbei macht es Spaß!"

„Den Spaß kennt ihr besser als ich", antworte ich. „Zeigt mir doch einmal eure heiß geliebten sozialen Treffpunkte!" Jetzt überlasse ich Maria und Katja das Wort. Ich habe mich mit der Geschichte der digitalen Welt auseinandergesetzt, doch wenn es um die verschiedenen sozialen Netzwerke geht, die die Jugend tagtäglich nutzt, fühle ich mich wie in einem Ruderboot, das auf das offene Meer hinaustreibt. „Tja, wo sollen wir anfangen", grübeln Katja und Maria. Nach und nach, und ein klein wenig durcheinander, schildern mir die beiden Schwestern die zahllosen Funktionen der unterschiedlichen sozialen Netzwerke.

Facebook

Facebook, gleichbedeutend mit „Gesichtsbuch", war der Vorreiter der sozialen Netzwerke, der erste virtuelle Treffpunkt im Netz, geschaffen von **Mark Zuckerberg.** Einst als digitales Jahrbuch an der Universität angedacht, konnte sich hier jeder mit Name und Foto präsentieren und mit seinen Freunden Kontakt aufnehmen. Diesen Treffpunkt bezeichnete Zuckerberg als Plattform, einen Ausgangspunkt, von dem aus jeder wie am Bahnhof einen Zug ins weltweite Netz nehmen konnte – ohne Fahrkarte, ohne Vormerkung und völlig kostenlos. Das Konzept war bahnbrechend für die frühen Internetnutzer, sofort bissen die ersten Fische an. Endlich konnte man sich in der zunehmend globalisierten Welt besser kennenlernen, alte Freunde wiederfinden und mit Verwandten in weit entfernten Ländern chatten, ganz ohne komplizierte Überseeanrufe und teure Telefongebühren. Bald wurden die Funktionen von Facebook ausgeweitet: Nun konnte man Texte, Bilder und Videoclips posten, also für alle sichtbar veröffentlichen, und sich in Privat- oder Gruppenchats mit einem oder mehreren Freunden unterhalten. Für Posts gilt: **Was gefällt, wird geliked** – auf Facebook klickt man dafür auf den Daumen nach oben. Je mehr Likes, umso besser. Schickt man einem anderen Nutzer eine Freundschaftsanfrage und dieser nimmt sie an, dann erscheinen dessen Beiträge regelmäßig im eigenen sogenannten **News Feed,** früher Pinnwand genannt.

Facebook hat gleich Anklang gefunden. Bereits zwei Jahre nach der Gründung 2004 hatte die Plattform mehr als zwölf Millionen Nutzer weltweit und wurde schnell zum populärsten sozialen Netzwerk der Welt. 2019 hat Facebook ganze **2,3 Milliarden aktive Nutzer,** davon sind 1,5 Milliarden täglich auf der Seite unterwegs – bevorzugt vom Smartphone aus. Um Facebook nutzen zu können, muss man mindestens 13 Jahre alt sein. Die Altersbeschränkung lässt sich allerdings problemlos umgehen, denn das selbst angegebene Geburtsdatum wird in der Regel nicht überprüft. Trotzdem hat Facebook immer mehr Schwierigkeiten, Nachwuchs für die Plattform zu gewinnen. Im ältesten sozialen Netzwerk tummelt sich natürlich ein entsprechend älteres Publikum. Für die digitalen Neulinge der heutigen Zeit ist Facebook das Netzwerk ihrer Eltern, ihrer Tanten, zum Teil sogar ihrer Großeltern. Heutzutage bevorzugt die Jugend andere soziale Medien, zum Beispiel Instagram.

Instagram

Instagram ist zweifellos die beliebteste Plattform der jungen Generation und ist in vielerlei Hinsicht der Nachfolger von Facebook. Hier folgt man weniger den Aktivitäten entfernter Verwandter, sondern erkundigt sich, was Stars und Sternchen gerade so treiben. Auf Instagram kann man nur Fotos und kurze Videos posten, die man vielleicht noch mit einer kleinen Fußnote versieht. Wie auch bei Facebook kann man kommentieren und liken (hier allerdings über das Herz anstatt den Daumen nach oben) und mit anderen Nutzern unter vier Augen chatten. Die Stories-Funktion wurde von Snapchat übernommen.

Snapchat

Snapchat gilt als Hauptkonkurrent von Instagram. Die App funktioniert nach dem Konzept, dass versendete Fotos und Videos für maximal 24 Stunden sichtbar sind und danach gelöscht werden. Macht der Empfänger einen Screenshot, fotografiert die Nachricht also digital ab, erhält der Sender eine Benachrichtigung. Snapchat war die erste Plattform, die sogenannte **Stories** ermöglichte – man kann also für all seine Freunde sichtbare Bilder oder Videos posten, die nach spätestens 24 Stunden automatisch gelöscht werden. Ebenso ist Snapchat für seine zahlreichen verspielten und immer wieder neuen Fotofilter bekannt, die dem Nutzer Hundeohren, Schnurrbart oder einen Tierkörper verpassen. Allerdings nimmt es Snapchat nicht ganz so ernst mit dem Datenschutz, wie man auf den ersten Blick denken könnte, und greift unter anderem auf den Browserverlauf und die persönlichen Kontakte zu.

Twitter

Der Unternehmensname und das Verb „tweeten" [to tweet = zwitschern], das das Posten von Beiträgen (**„Tweets"**) auf Twitter bezeichnet, sind an das Vogelgezwitscher angelehnt. Hier hat jeder die Möglichkeit, seine

Meinung kurz und prägnant in die Welt hinauszuposaunen. Auf Twitter werden in erster Linie Textnachrichten gepostet, deren Länge auf 280 Zeichen beschränkt ist. Daher ist Twitter eine der seriöseren sozialen Netzwerke und wird gerne von Politikern, Ministerien oder der Polizei zur Verbreitung wichtiger Informationen übers Internet verwendet. Grundsätzlich ist es möglich, Bilder und Videos zu posten – die meisten Beiträge bestehen jedoch aus reinem Text.

YouTube

YouTube bedeutet auf Deutsch so viel wie „du sendest". Das fasst die Intention der Plattform treffend zusammen: Hier hat jeder die Möglichkeit, selbst aufgenommene **Videos** in alle Welt hinauszusenden. YouTube-Videos sind in der Regel für jeden sichtbar, können geteilt, kommentiert und bewertet werden. Für Letzteres stehen dem Nutzer zwei Optionen zur Verfügung: Daumen hoch und Daumen runter – „Like" und „Dislike".

Relativ bald nach seiner Gründung im Jahr 2005 wurde YouTube vom Google-Konzern aufgekauft. Finanziert wird das grundsätzlich kostenlose Angebot durch Werbeeinblendungen vor, während und nach den Videos. Mit einem kostenpflichtigen Abonnement schaltet man Zusatzfunktionen frei und blendet Werbeanzeigen aus.

Unter den sozialen Netzwerken ist YouTube vielleicht das generationsübergreifendste Portal. Hier findet jeder etwas nach seinem Geschmack, für jede Altersgruppe gibt es Inhalte, die YouTube voll automatisiert vorschlägt: Der Krabbler schaut Zeichentrickfilme, der Grundschüler Let's-Plays (Videos, in denen Nutzer auf unterhaltsame Weise Videospiele spielen), der Oberschüler Unterhaltungsvideos von YouTube-Prominenten, der Student Tutorials (Erklärvideos) zu Chemie, Biologie oder Philosophie. Auch für die älteren Generationen ist YouTube interessant: Hier findet man Nachrichtensendungen, Dokumentationen, Kurzfilme, Parodien sowie Musikvideos so gut wie aller Musiker. Selbst Senioren können zur Musik aus ihrer Kindheit in Nostalgie an längst vergangene Zeiten schwelgen.

YouTube hat zahlreichen Videoproduzenten, den sogenannten **„YouTubern",** zu Berühmtheit verholfen. Abonniert man einem YouTuber bzw. dessen Kanal, schlägt einem die Plattform immer seine neuesten Videos vor. Auch hier gilt: Je mehr Abonnenten und Aufrufe man hat, desto berühmter ist man. Die erfolgreichsten Kanäle haben über hundert Millionen Abonnenten, die meistgeklickten Videos wurden mehr als sechs Milliarden Mal aufgerufen. Jede Minute werden auf YouTube hunderte Stunden Videomaterial hochgeladen.

WhatsApp

WhatsApp wurde 2009 gegründet und schnell zum **Weltmarktführer in Sachen mobile Kommunikation,** denn die App lässt sich nur in

Verbindung mit einer SIM-Karte verwenden. Die SMS ist tot, heutzutage schreibt man sich nur noch auf WhatsApp. Warum? Es ist kostenlos (die gesamte Kommunikation läuft über die mobile Internetverbindung, für einzelne Nachrichten entstehen keine Zusatzkosten) und multimedial, neben einfachen Textnachrichten kann man hier Bilder, Videos oder den eigenen Standort versenden und Sprach- oder Videotelefonate übers Internet führen – in beeindruckender Qualität.

Auch die Zeiten, in denen Nachrichten aus reinem Text gesendet wurden, sind vorbei. Heutzutage ist es üblich, eine Nachricht mit ausdrucksstarken Symbolen zu schmücken, den sogenannten **Emojis.** Das Angebot reicht von klassischen gelben Smileys über Herzen, Blumensträuße und Champagnergläser bis hin zu Fahrzeugen und Nationalflaggen. Dazu kommen noch die **Emoticons,** das sind Zeichenketten, die durch ihre Kombination ein bestimmtes Motiv darstellen, zum Beispiel :-) oder (^_^). Emojis hingegen bestehen aus nur einem Zeichen und sehen wie eine Computergrafik aus: 😌 😂 😍.

„Kompliment Mädels! Ihr kennt euch echt gut aus, jetzt sind mir die Plattformen schon etwas vertrauter", lobe ich die beiden. In allen Details und mit großer Begeisterung haben mir die jungen Damen die verschiedenen Plattformen erläutert und mir allgemein viel Neues über das Netz vermittelt. Die Intensität und Emotionalität, mit der Maria und Katja die Netzwerke präsentiert haben, zeigen das große Bedürfnis, über Digitalisierung und den Gebrauch der neuen Medien zu sprechen.

Für die **„Digital Natives",** die Generation, die von klein auf mit digitalen Medien konfrontiert ist, sind Smartphone und Internet mehr als nur ein Werkzeug zur Kommunikation, sie sind ein eigener Mikrokosmos, eine Welt, eine Lebenseinstellung.

Die aktuelle Lage

„Nun frage ich mich aber, ob die digitalen Endgeräte und ihre Zauberwelt wirklich so beliebt und wichtig sind, dass es sich auszahlt, darüber ein ganzes Buch zu schreiben." „Herr Doktor, die Antwort ist eindeutig: Ja!", antwortet Maria. „Man braucht sich nur auf der Straße umzuschauen und die vielen verschiedenen Smombie-Arten zu beobachten. Darunter sind viele Erwachsene und auch immer mehr ältere Menschen!"

Ich schmunzle. Es stimmt, was Maria sagt, und die Statistik gibt ihr recht: Von den 7,5 Milliarden Menschen auf der Erde haben vier Milliarden einen Internetzugang. Jeden Tag werden auf der Welt hunderte Milliarden E-Mails versendet. Auf WhatsApp werden täglich mehr als fünfzig Milliarden Nachrichten abgeschickt, über vier Milliarden Fotos und eine Milliarde Videos geteilt. **Zwei Drittel der Weltbevölkerung besitzt ein Smartphone.** Das Internet hat unser Leben im Sturm erobert, ganz besonders mit den sozialen Netzwerken, die weltweit drei Milliarden aktive Nutzer haben. Zwischen 2017 und 2018 erhöhte sich ihre Anzahl um 300 Millionen, wobei man in Afrika mit die meisten Neuzugänge findet.

„Wenn man sich diese Zahlen so ansieht, bedeutet das, dass mittlerweile fast jeder Mensch vernetzt ist, egal wo er ist, denn er hat ja sein Smartphone dabei", erläutere ich. „Während die Erwachsenen nur langsam die neuen Kanäle benutzen", setze ich fort, „sind die Jugendlichen den neuen Medien buchstäblich in die Arme gefallen. Laut OECD, der Organisation für wirtschaftliche Zusammenarbeit und Entwicklung, benützen 95 Prozent der Jugendlichen im Alter zwischen 14 und 19 Jahren regelmäßig das Internet: Sie sitzen viereinhalb Stunden am Tag, 31 Stunden pro Woche vor dem Bildschirm ihres Computers, Tablets oder Smartphones. Italienweit sind laut ISTAT 300.000 Jugendliche internetabhängig und haben erhebliche Schwierigkeiten, was den Schulbesuch und die Kommunikation mit Gleichaltrigen angeht." Maria und Katja hören mir aufmerksam zu. „Dies bringt ernste Probleme mit sich: Einer von zehn italienischen Jugendlichen ist unzufrieden mit seinem Leben, seinen Freunden oder Familienangehörigen und seiner Gesundheit."

Die zwei Mädchen werden ernst. Ich rede weiter: „Nur wenige fragen sich, wo das alles hinführen wird. Bei den meisten Eltern herrscht Verwirrung, verbunden mit großem Nichtwissen. Es sind zwei Welten, jene der Erwachsenen und jene der Jugend, die kilometerweit entfernt aneinander vorbeiziehen. Manche Eltern, darunter eure, wollen sich informieren und suchen den Dialog mit ihren Kindern. Der Erfolg ist jedoch meistens gering und die große Mehrheit der Erwachsenen tappt im Dunkeln. Sie toleriert die digitale Welt ihrer Kinder mit Gleichgültigkeit oder sogar mit Hilflosigkeit." Maria senkt schweigend den Blick, als würde sie sich schuldig fühlen.

Die vielen offenen Fragen

„Wie soll man es auch anders machen?", fragt mich Katja. „Es gibt ja keine Gebrauchsanweisungen und keine Regeln für die Nutzung des Internets. Über deren Folgen für unsere Gesundheit gibt es keine wissenschaftlichen Beweise, höchstens Vermutungen." „Genau das ist das Problem", antworte ich. „Viele Eltern setzen ihre Kinder alleine vors iPad, weil man es nicht anders kennt und es inzwischen alle tun. Diese Sorglosigkeit ist weit verbreitet und gefährlich. Die Diskussion, ob durch die **Digitalisierung** unsere Welt und unser Leben besser geworden sind, findet eindeutig zu wenig Raum. Stellt ihr euch nie die Frage, wie frei wir alle noch in unserem Tagesablauf und letztendlich in unserem Denken sind? Benutzen wir unser Smartphone oder benutzt es uns? Was steckt hinter der Vernetzung, die wir so leichtfertig zulassen und was sind unterm Strich die wirklichen Vorteile für uns? Wer weiß, wer wirklich am anderen Ende des Hebels sitzt und welche Absichten er hat?" Ich merke nun selbst, dass mich das ganze Thema wütend macht und emotional tief berührt, aber ich fahre fort: „Was lassen die Herren des Webs uns gutgläubige Nutzer alles nicht wissen, und wer hat den Schlüssel zur digitalen Festung? Wie lange wollen wir noch zulassen, dass unser Leben ausspioniert wird und wir am Ende nur benutzt werden? All das passiert unter dem Deckmäntelchen, dass es das Beste für die Menschheit wäre, wenn wir alle vernetzt sind und jeder alles über den anderen weiß!" Immer mehr Fragen kommen in mir auf: „Was ist vom edlen Gedanken übrig geblieben, der Welt ‚nur Gutes' tun zu wollen? Wie sollen wir uns verhalten, wenn etwas, das wir nicht kennen, unsere Gesellschaft unterschwellig und doch drastisch verändert?"

Nachdenklich sitzen wir da und schauen uns ratlos an. Die jungen Damen geben keinen Ton von sich. Vielleicht habe ich mich zu sehr in das Ganze hineingesteigert und meine Gesprächspartnerinnen ein bisschen schockiert – ich merke, dass sie mich verunsichert anstarren. Ich habe ihre Festung gestürmt und sie in Verlegenheit gebracht. Ob das die richtige Taktik war, weiß ich nicht. Ich spüre in ihrem Schweigen den Versuch, neue Schutzmechanismen zu aktivieren. „Herr Doktor, wenn ich ihnen so zuhöre, kommt mir vor, unsere Eltern zu hören. Die sagen uns auch immer das Gleiche. Aber wir glauben, dass es gar nicht so schlimm ist, wie ihr Erwachsenen es beschreibt. Man darf nicht so pessimistisch sein!" Die letzte Bemerkung hat mich nun wirklich getroffen. Ich, ein Pessimist? Aber ja, ich muss zugeben, Katja hat recht. Wenn man zu hoch von der Kanzel predigt, verschließen sich die Kinder und stempeln einen als alt ab. „Der versteht das alles nicht!", las ich aus ihren Blicken. Irgendwo wird das Thema Digitalisierung zu einem Streitobjekt der Generationen.

Wie viele andere, weiß auch ich zu wenig über die Thematik. Daher werde ich mich nun auf den Weg machen, um diese neue Welt zu erforschen und den vielen offenen Fragen auf den Grund zu gehen. Ich spüre schon jetzt, dass es eine Reise über Stock und Stein in unbekanntes Terrain werden wird.

Die Sage vom Silicon Valley

Es war einmal ...

Es war einmal in den Achtzigerjahren eine Gruppe von wilden Burschen. Sie waren arme, lausige und eigensinnige Studenten, lebten an der Westküste der USA in Kalifornien und teilten die Leidenschaft für die Informatik. Angefangen haben sie alle auf dieselbe Art, sie tüftelten in einer Garage, einem Keller oder in einem Schuppen. Die Begriffe „digital" und „Computer" waren den meisten Menschen damals unbekannt.

Bill Gates von Microsoft und Steve Jobs von Apple waren die ersten kreativen Freaks, die mit der Vorstellung daherkamen, dass in jedem Haushalt ein Computer stehen sollte. Um den Menschen diese Idee schmackhafter zu machen, entwickelten sie interessante Softwares: Programme, die den Menschen Arbeiten abnahmen, zum Beispiel Berechnungen oder Notizen. Es war der Startschuss in ein neues Zeitalter, das Tor in eine neue Welt.

Ohne Geld und weltoffen

Diesen Traum hatten auch andere digitale Pioniere: **Mark Zuckerberg (Facebook), Larry Page und Sergey Brin (Google) sowie Jeff Bezos (Amazon),** um nur einige zu nennen. Sie alle verstanden, dass die digitale Welt enorme Möglichkeiten bot. Sie spürten das Herannahen einer großen Zeitwende und folgten der Überzeugung, die Menschheit durch das Internet zu verbinden. Das alles sollte kostenlos sein, denn in ihrer jugendlichen Begeisterung waren sie zutiefst davon überzeugt, den Menschen nur Gutes zu tun, indem sie sie vernetzten. Sie propagierten ihren Kunden ihre Philosophie der Nächstenliebe: *„Don't be evil"* [„Seid nicht böse"] und *„Money is not the Priority"* [„Das Geld ist nicht vorrangig"]. Das zeichnete sie anfänglich aus.

Der Erfolg

Diese Einstellung war sicher der richtige Weg. Der Erfolg der **West Coast Computer Freaks** ließ nicht lange auf sich warten: Ob Jung oder Alt, Arm oder Reich, die Menschen waren an der Sache interessiert. Wirtschaft und Haushalte sprangen weltweit auf die digitale Welle auf. Der Verkauf von Geräten und Internetanschlüssen boomte, neue Unternehmen schossen wie Pilze aus dem Boden und die Finanzwelt beobachtete mit Staunen die Herrscher der neuen digitalen Macht.

Besonders der Apple-Manager Steve Jobs ließ von sich hören: Er war der Guru derjenigen, die in der digitalen Technologie so etwas wie eine Religion sahen. Apple wurde zum Statussymbol, zu einer Mode. iPod, iMac, iPhone und schließlich iPad waren die Schlüssel zur neuen digitalen Welt. Im Interview mit der Zeitschrift *Rolling Stone* erklärte Jobs, es sei ein neues Zeitalter angebrochen, in dem jeder das machen könne, was bisher nur den Superreichen vorbehalten war. Ob er damit recht hatte, lässt sich schwer einschätzen.

Die digitale Vernetzung Anfang der Zweitausenderjahre war tatsächlich bahnbrechend, und das nicht nur für die Oberschicht. Es war ein Massenphänomen, das sich vom Westen Nordamerikas aus in alle Welt ausbreitete. Plötzlich war man überall vernetzt. Was sich aber hinter den Kulissen dieser digitalen Welt verbarg, war nur wenigen bekannt. Zwischen den Computerfirmen herrschte erbitterter Konkurrenzkampf, Spionage und Verschlüsselung waren von ausschlaggebender Bedeutung für die Unternehmen.

Steve Jobs, der sich zu einer Ikone der Nächstenliebe erklärt hatte, war in Wirklichkeit ein beinharter Geschäftsmann, der seine Firma mit eiserner Faust führte und versuchte, andere Konzerne aufzukaufen. Bill Gates von Microsoft kaufte Skype, Mark Zuckerberg von Facebook ergatterte WhatsApp und später auch Instagram. Die Maxime „das Geld ist nicht vorrangig" geriet bei den meisten Unternehmen der New Economy schnell in Vergessenheit. Apple ließ seine Geräte in China billig produzieren, versuchte um jeden Preis den Computer- und Smartphone-Markt zu beherrschen und geriet sogar ins Visier der amerikanischen Kartellbehörde. Am Ende hat Jobs der Erfolg allerdings kein Glück gebracht, er starb 2011 an den Folgen einer Krebserkrankung. Von ihm erhalten blieb eine sehr aussagekräftige Rede an der Universität von Stanford, in der er der jungen Generation einen wichtigen Ratschlag aus seiner Lebensphilosophie erteilte: „Stay hungry, stay foolish" [„Bleibt hungrig, bleibt verrückt"]. Es war ein Aufruf an die Studenten, ihrem Tatendrang nachzugehen und ihren Mut, sich neuen Herausforderungen zu stellen, niemals aufzugeben, auch wenn sie manchmal für verrückt erklärt werden.

Der Goldrausch

Steve Jobs Worte waren *„stay hungry"*. Der Hunger ist geblieben, wohl aber nicht so, wie er es ursprünglich meinte. Jetzt lautete die Devise: „Stay hungry – for money!" Was war passiert? Keiner weiß, wann und wie die philanthropische Ideologie der Hippie-Webfreaks in die profitorientierte Geisteshaltung kippen konnte. Zuckerberg und seine Kollegen hatten bald verstanden, dass bei den Millionen Nutzern, die fleißig das Netz besuchten, auch Geld zu machen war – viel Geld! Denn indem sie die direkte Verbindung zu jedem einzelnen Nutzer hatten, besaßen sie gleichzeitig einen direkten Weg zu dessen Seele. So wurde das Netz zur wertvollsten und präzisesten Datenbank der Welt und eine wahre Goldgrube für dessen Besitzer.

Werbung als Geldquelle

Die Herren des Webs sind mit unseren Daten reich geworden. Wie Fischer haben sie die Fangnetze ihrer Plattformen ausgebreitet. Dann haben sie uns durch geschickte Werbung und das Stichwort „gratis" geködert, das Netz zugezogen und uns einen nach dem anderen verkauft. Jedoch hat der Handel nicht wie üblich auf den Fischbänken stattgefunden, sondern unterm Ladentisch. Man hat uns nicht als die Tischdelikatesse angeboten, die wir auf unseren Profilen zu sein vorgeben, sondern als das, was wir in Wirklichkeit für sie sind: Information. Möglich war das, weil unser Onlineverhalten genau verfolgt und aufgezeichnet wurde. Die raffinierten Fischer wussten, dass die Art, mit der wir im Internet surfen, viel über unsere Persönlichkeit aussagt.

Unser Verhalten im Netz spiegelt unsere Wünsche, unsere Träume, unsere Ideologie, unsere politische Einstellung, kurzum unsere gesamte Existenz wider. **Ein Leckerbissen für jede Werbefirma!** Je besser die Strippen-zieher den Nutzer kennen, desto genauer können sie ihn einschätzen und ihm Artikel anbieten, die genau seinem Geschmack entsprechen. Man hat uns geködert, ausspioniert, durchleuchtet und am Ende auch noch unsere hochpersönlichen Daten heimlich an Dritte weiterverkauft. Wir, die nichts ahnenden Nutzer, sind plötzlich zur Zielscheibe präziser, kundenorientierter Werbung geworden. Das bringt den Fischern vom Silikon Valley viel Geld ein. Was anfänglich eine menschenfreundliche Bewegung für eine bessere Welt war, hat sich bald zu einer gewaltigen Geldmaschine entwickelt: Zuckerberg besitzt dank Facebook, WhatsApp und Instagram ein Vermögen von 72 Milliarden US-Dollar, Jeff Bezos von Amazon ist 159 Milliarden Dollar schwer, die Google-Gründer Larry Page und Sergey Brin besitzen 54 und 57 Milliarden Dollar. Bill Gates von Microsoft hat trotz seiner Stiftung immer noch mehr als hundert Milliar-den Dollar und Steve Jobs vererbte seiner Ehefrau Laurene Powell Jobs geschätzt 14 Milliarden Dollar.

Die vormals armen und lausigen Computerfreaks, die Hippie-Träumer, haben es geschafft, die Spitze der Finanzwelt zu erreichen. Sie sind die Könige der modernen Wirtschaft. Die, die einst predigten, dass Geld nicht vorrangig ist, zählen heute zu den Reichsten der Welt, indem sie auf unseren Daten herumreiten. Wie immer wurden wir dafür weder um Erlaubnis gebeten noch darüber informiert. Wir, die Hauptakteure des Internetmärchens, haben von nichts gewusst. Stillschweigend sind wir bestohlen worden, woraufhin die Täter sich mit ihrem Schatz aus dem Staub gemacht haben. Jetzt kommt die nächste Frage: Wohin sind sie mit ihrer Beute geflohen?

Lange haben die kalifornischen Computergenies uns verheimlicht, dass sie Daten über unser Leben in ihren großen Serverzentren aufbewahren, irgendwo in Kalifornien, Utah oder Nevada, streng bewacht in kasernen-artigen Bauten, zu denen jeglicher Zutritt von außen und übers Internet verboten ist. Das wäre gar nicht so schlimm, wenn alles korrekt gehandhabt worden wäre – schließlich sind unsere Daten gutes Geld wert und sehr intim. Das eigentliche Problem ist allerdings, dass die Realität anders aussieht. Die schlampigen Herren des Internets haben zwar den Netzschatz gestohlen, doch ist ihnen nicht gelungen, diesen ausreichend zu beschützen!

Die erste große Lücke

Das Datum ist bekannt: Es war der 6. Juni 2013, der Tag des Waterloos der amerikanischen Geheimdienste. Auslöser waren die Gewissensbisse eines dreißigjährigen US-Amerikaners. **Edward Snowden** hatte als Informatiker für den US-amerikanischen Geheimdienst NSA gearbeitet, der mit der weltweiten Überwachung, Entzifferung und Auswertung der elektronischen Kommunikation betraut war. Im Rahmen seiner Tätigkeit hatte Snowden Zugang zu Informationen über die britische Geheimdienstoperation „Tempora" und die weltweite Überwachung der Internetkommunikation durch die USA. Der Computerspezialist hatte Zweifel an der Legitimität dieser Überwachung. Nachdem er ausreichend belastendes Material gesammelt hatte, floh Snowden nach Hongkong. In einem Hotel an einem unbekannten Ort kontaktierte er Journalisten der Zeitung *The Guardian*, die die brisanten Informationen im Juni 2013 veröffentlichten.

Ein enormer Stein kam ins Rollen. Die von Snowden verbreiteten Nachrichten sprachen von zahlreichen Beweisen, dass die amerikanischen Geheimdienste stillschweigend die Daten von Millionen Menschen und

Politikern aus aller Welt ausspionierten. Unter den Betroffenen fanden sich auch hochrangige Politiker wie die deutsche Bundeskanzlerin Angela Merkel und der ehemalige französische Ministerpräsident François Hollande. Es ging um Informationen aus E-Mails, Telefongesprächen, sozialen Netzwerken und Suchmaschinen, darunter Facebook, Google und Yahoo. Wie es zu dem Angriff auf die Privatsphäre von Politikern und ahnungslosen Bürgern gekommen war und wer die Verantwortung dafür trug, weiß keiner.

Unter dem Deckmantel der Staatssicherheit wurden die Ermittlungen zunächst lahmgelegt. Es folgten Prozesse, unklare Aussagen und Anschuldigungen auf verschiedensten Ebenen gegen die Vorsitzenden des Geheimdienstes, des Militärs bis hin zum damaligen Präsidenten Barack Obama, der sich als unwissend aus der Affäre zog. Wie schon ein paar Jahre zuvor beim Skandal um Julian Assange und dessen Enthüllungsplattform **„Wikileaks"** blieben die wahren Schuldigen unbekannt. Am Ende verliefen alle Ermittlungen im Sand.

Die Welt reagierte mit Empörung. Es gab politische Reibereien zwischen den USA und den abgehörten Staaten, auch weil das FBI einen internationalen Haftbefehl gegen Snowden wegen Hochverrates und Spionage erlassen hatte. Zum Staatsfeind erklärt, wurde er auf der ganzen Welt verfolgt, bis ihm Russland letztendlich Asyl gewährte.

Aber nun zurück zu unseren Daten. Man hat mit ihnen ein Heidengeld gemacht, aber konnte sie nicht erfolgreich schützen. Wollte man uns durch das Internet nicht frei und unabhängig machen? Stattdessen wurden wir alle bespitzelt.

Die weiteren Lücken im Netz

Die zwei Enthüller Assange und Snowden haben die Öffentlichkeit über den Datenschmuggel informiert. Beide wurden als Staatsverräter dargestellt, angeklagt und leben seit Jahren im Exil. Sie haben ihr Leben aufs Spiel gesetzt, um die Internetnutzer zu schützen.

Der Datenklau schreitet weiter fort: Von 2010 bis 2018 geschahen unzählige Hackerangriffe auf große Firmen wie British Airways, eBay, Uber, Yahoo und viele andere. Ziel der Hacker sind Personendaten: Adressen, Führerschein- und Kreditkartennummern, Geburtsdaten – einfach alles. Wir resignieren und nehmen hin, dass das Netz brüchig und durchlässig geworden ist. Die großen Firmen versuchen zwar, ihre Kunden durch die Verwendung ständig neuer Sicherheitsprogramme zu beruhigen, aber auch im Kreis der Nutzer breitet sich großes Misstrauen gegen den Datenschutz aus. Was sich aber 2018 ereignete, stellt alles bisher Dagewesene in den Schatten und erstickt den letzten Glauben an das Internet-Märchen.

Das Ende des Vertrauens

Der große Hippie-Traum, nur Gutes zu tun, indem man die Welt zusammenführt, platzte am 17. März 2018: Es war der **schwarze Tag der sozialen Netzwerke.** Facebook machte Schlagzeilen, weil der Konzern Millionen von Nutzerdaten an eine englische Analysefirma weitergegeben hatte, die daraus psychologische Profile der User erstellte. Zuckerberg hatte erkannt, dass es durch die Analyse der Facebook-Aktivität möglich war, einen Menschen zur Gänze zu durchleuchten. Man konnte politische Präferenzen, IQ, sexuelle Orientierung und vieles mehr auslesen. So wurden die Nutzer der sozialen Netzwerke schließlich durch maßgeschneiderte politische Werbung manipuliert. Es gibt zahlreiche Indizien dafür, dass diese Einflussnahme in den sozialen Medien die Wahlergebnisse in den USA zugunsten von Donald Trump und im Vereinigten Königreich pro-Brexit beeinflusst haben.

Das kann man als einen direkten Angriff auf die Demokratie bezeichnen. Facebook steht nun unter gewaltigem Druck: zuerst der Datenkapitalismus auf Kosten der Nutzer, dann fehlender Datenschutz und nun Manipulation – Zuckerberg hat die User seiner Plattformen mit Füßen getreten. Seine Anhörung vor dem amerikanischen Kongress und dem Senat wurde im Fernsehen live übertragen und sah einer Komödie ähnlich, in welcher ein kleines Kind um Verzeihung flehte, weil es Süßigkeiten gestohlen hatte. Zuckerberg erklärte sich als zutiefst erschüttert, entschuldigte sich immer wieder und versicherte, dass so etwas nie mehr vorkommen würde. Es war eine Anhörung, die ohne Konsequenzen für ihn und Facebook blieb, eine Farce für Amerika, die Welt und das Internet! Zuckerberg ging unbestraft mit einem Lächeln zurück an die Arbeit, während irgendwo in Russland der Staatsfeind Snowden, der das alles vor Jahren prophezeit hatte, im Exil sitzt.

Was wir aus dieser Geschichte lernen sollten

Wir sind am Ende der abenteuerlichen Geschichte von den Silicon-Valley-Freaks angekommen. Ich finde, wir können diese Entwicklung der digitalen Medien mit einem Thriller vergleichen, bei dem wir alle mitmischen: Entblößen wir uns nicht alle beim täglichen Surfen im Netz und geben den großen Internetkonzernen unser tiefstes Inneres preis, ohne uns dessen wirklich bewusst zu sein? Wer glaubt, dass ihn das nichts angeht, der sollte nur einmal auf die vielen unterschwelligen Werbeeinblendungen schauen, die auf so gut wie jeder besuchten Internetseite erscheinen. Wir klicken diese Bilder der nicht bestellten Werbung zwar fleißig weg, aber nichtsdestotrotz erscheinen immer wieder neue Botschaften, nur, weil wir einmal nach einem bestimmten Produkt gegoogelt haben.

Die schlauen Web-Könige sind immer noch da und stärker denn je!
Wie mit Stolz in der Computerwelt behauptet wird, ist die digitale Zeit auf revolutionäre, bahnbrechende Art vorangeschritten. Die Geschichte vom Silicon Valley ist nichts Erfundenes. Die Art, wie die Dinge eben gelaufen sind, ist der Beweis dafür, dass der digitale Traum nicht hält, was er verspricht. Die großen Unternehmer der Westküste sind keine Philanthropen, die uns Vernetzung geschenkt haben, um uns eine Freude zu bereiten. Sie sind knallharte Geschäftsleute, die im digitalen Rausch mit uns unschuldigen Nutzern ihr Geld machen. Das kann man ihnen nicht verbieten. Sie waren sicherlich tüchtig beim Umsetzen ihrer Ideen, manche Erfindungen waren bedeutend, doch bei längerer Überlegung treten auch deren Schattenseiten ans Licht.

Wie sehr dadurch unser Alltag und besonders das Leben unserer Kinder, wie im Fall von Maria, ins Wanken geraten, werden wir im nächsten Kapitel sehen.

Die Folgen

Nachdem wir die „bösen Buben" kennengelernt haben, die hinter den Fassaden des fröhlichen Internets stecken, wenden wir unseren Blick von den Tätern ab und konzentrieren uns auf die Opfer: uns.

Internet berufsbedingt unerlässlich!

Was ist das Erste, das Milliarden von Menschen rund um die Welt machen, wenn sie am Morgen in ihr Büro kommen? Sie schalten den Computer an. In einem modernen Industriestaat kann man sich den eigenen Beruf ohne Computer kaum mehr vorstellen – das gilt nicht nur für den Bankangestellten oder die Sekretärin, sondern auch für Berufe, die auf den ersten Blick wenig digital scheinen. Die Vernetzung hält auch Einzug in Landwirtschaft, Schwerindustrie und Logistik. Längst haben wir akzeptiert, dass Computer viele Arbeiten schneller und zuverlässiger als wir Menschen erledigen, den digitalen Assistenten haben wir stets in der Hosentasche dabei. Wir alle sind digital geworden: Egal ob zuhause oder bei der Arbeit, wir sind immer vernetzt.

Als ein Journalist zu mir in die Praxis kam und über Schlafstörungen klagte, habe ich ihn gefragt, wie sein Internetverhalten aussehe. Er musste zugeben, dass er durchschnittlich zehn Stunden am Tag im Netz verbrachte. Damit ist er aber nicht allein, all seine Kollegen benutzen das Internet genauso intensiv wie er. Sie suchen Themen, sammeln relevante Informationen, recherchieren, lesen Nachrichten, senden E-Mails. Noch dazu benutzen sie Übersetzungsprogramme, Online-Wörterbücher sowie die üblichen sozialen Netzwerke, um sich mit Kollegen auszutauschen und um generell beruflich erreichbar zu sein.

Journalisten sind nur eine der vielen Berufsgruppen, die ohne Netz gar nicht mehr arbeiten könnten. Der Beruf hat sie in das digitale Geschehen gedrängt. Ohne das Internet würden auch wir viele Nachrichten und

Informationen nicht mehr erhalten – einerseits, weil wir sie offline nur schwer abrufen können, andererseits, weil ja auch Redaktionen ihre Informationen online beziehen.

Dieses Beispiel zeigt, wie sehr **wir vom World Wide Web abhängig** sind. Besonders für die älteren Generationen kann das befremdlich sein: Wo früher Korrespondenten waren, steht heute eine Webcam, um die Pressekonferenz in Echtzeit im Internet zu übertragen.

Auch die junge Generation, die vielleicht noch nicht arbeitet, verbringt viel Zeit im Netz. Wie bei Maria gesehen, sind es jeden Tag mehrere Stunden, Tendenz steigend. Das Internet ist das Sprachrohr des 21. Jahrhunderts.

Süchtig

Das erste und größte Problem ist wohl die Zeit, die wir am Bildschirm verbringen, die vielen kostbaren Stunden, die uns täglich davonlaufen, während wir uns vom Dasitzen und Glotzen nicht mehr befreien können. Es ist bekannt, dass das Zeitgefühl beim Surfen im Internet völlig durcheinandergerät. Wir sind nicht mehr imstande, unseren psychischen und physischen Status zu beurteilen, uns selbst zu fühlen und uns zu fragen, wie es uns geht und ob wir noch hell genug im Kopf sind, nachdem wir mit müden Augen den Bildschirm ausschalten. Fragen wir uns einmal, ob wir Ruhe und Zufriedenheit empfinden, wenn wir am Ende eines Arbeitstages den Computer abschalten, oder ob wir uns leer und aufgewühlt fühlen.

Entspannt und glücklich oder erschöpft und gereizt? Ich denke, wir sollten ehrlich sein und zugeben, dass wir die **Kontrolle** über **den Gebrauch der digitalen Endgeräte verloren** haben. Wer im Urlaub nicht abschalten kann und sein Smartphone an den Strand und sogar ins Meer mitnimmt, sollte einmal darüber nachdenken, wie sehr er sich von dem Ding beeinflussen lässt. Wer nervös wird, weil er zwei Stunden lang nicht auf Facebook war, um zu sehen, was es Neues gibt, der ist mit Sicherheit gefährdet. Das Gleiche gilt für diejenigen, die glauben, ihr Smartphone hätte in der Hosentasche vibriert, obwohl das nicht der Fall ist. Das sind die ersten Zeichen der Veränderung, der wir entgegensteuern müssen. Denn die Mediensucht kann das Leben eines Menschen schnell tiefgreifend verändern.

Ja, es gibt sie, die Hardliner, die bei herrlichem Wetter zu Hause vor dem kleinen Bildschirm hocken und nichts mehr um sich herum wahrnehmen. Auf der Suche nach spannenden Chats, Onlinespielen, anonymem Kontakten und dem digitalen Kick verlieren sie unbemerkt ihre echten Kontakte. Sie sind vom jahrelangen exzessiven Surfen krank geworden, psychisch wie physisch. „Selber schuld", wird der Leser sagen und man kann ihm nur recht geben.

... komme gleich ...
ich kontrolliere noch
schnell den Daten-
fluss ...!!

Es gibt aber auch die **unschuldigen Bildschirmopfer.** Wir alle kennen die Situation: Im Restaurant setzen die Eltern ihrem zweijährigen Sohn ein Tablet mit scheinbar kindgerechten Filmen oder Spielen vor die Nase. Das „brave Kind" sitzt zwei Stunden wie hypnotisiert vor dem Bildschirm und gibt keinen Laut von sich – was für ein Genuss für die Eltern und die anderen Gäste. Was das Kind dabei mitmacht, sehen wir später.

Der Bildschirm hat uns alle hypnotisiert, ob wir wollen oder nicht. Warum? Was macht ihn so attraktiv und wertvoll? Welcher digitale Zauber hat uns zu süchtigen Smombies gemacht?

Immer mehr Narzissten durch Facebook und Instagram

Wir haben bereits durch die Erklärung von Maria und Katja die wichtigsten sozialen Netzwerke kennengelernt. Sie alle sollten die Menschen dieser Welt verbinden, jede Plattform auf ihre Weise. Facebook war der Vorreiter der Kultur des Sich-im-Internet-Treffens. Der Erfolg war so überwältigend, dass Gründer und Vorsitzender Mark Zuckerberg 2012 seinen damals noch kleinen Konkurrenten Instagram aufkaufte, der die Funktionen von Facebook erweitern und noch mehr Leute ködern sollte. Um das zu erreichen, ließ sich der geniale Zuckerberg von einer Figur aus der griechischen Mythologie inspirieren.

Der Schönling Narziss verliebte sich einst abgöttisch in sein eigenes Spiegelbild, als er sich über einen See beugte. Hypnotisiert von der eigenen Schönheit fiel er ins Wasser und ertrank. Heute kennen wir den Begriff des Narzissmus, der die Selbstverliebtheit und Selbstbewunderung eines Menschen beschreibt. Ein bisschen Narzissmus ist normal und sogar gesund: Wir brauchen ein positives Eigenbild, um im Einklang mit uns selbst leben zu können. Entscheidend aber ist, wie sehr es unsere Persönlichkeit prägt oder gar steuert.

Nur zwei Monate nach Gründung hatte Instagram bereits eine Million Nutzer, heute ist es mit die beliebteste Plattform der jungen Smombie-Generation. Was war an der App so besonders? Ganz einfach, man hatte mit Instagram ein System erfunden, das der menschlichen Eitelkeit und Selbstdarstellung freien Lauf lässt. Hier kann jeder Fotos und Videos von sich posten und erhält über Likes und Kommentare sofort Rückmeldung durch andere Nutzer. Wen man kennen möchte, dem kann man folgen, um keinen seiner Posts mehr zu verpassen.

Ein genialer Köder, der den versteckten Narziss in uns hervorlockt. Das Modell der Selbstdarstellung, das bei Facebook schon bei der älteren Generation funktioniert hatte, bot nun den Jugendlichen die ideale Bühne, um sich, wenn nötig auch mit Filter, von seiner schönsten Seite zu präsentieren. Während man bei Facebook noch meist Texte postete und gelegentlich mal ein Bild, steht bei Instagram das Foto im Vordergrund, ganz besonders das Selfie. Die Erfinder wussten, dass sich hinter dieser Selbstinszenierung der Wunsch eines jeden Menschen nach Bestätigung durch andere verbirgt. Dieses Bedürfnis nach Stärkung des Selbstwertgefühls ist gerade bei Jugendlichen sehr ausgeprägt und erklärt den Erfolg von Instagram, speziell bei Teenagern. Erhält der Blogger ein Like oder einen Kommentar seiner Follower, fühlt er sich akzeptiert. Je mehr Likes er in immer kürzerer Zeit erhält, umso wichtiger und „wertvoller" kommt er sich selbst vor. Unzählige Heranwachsende hängen täglich schmachtend über ihrem Instagram-Profil und warten darauf, von anderen bewundert zu werden, nachdem sie ein Foto gepostet haben. Gleichzeitig sehen sie in ihrem „Feed", der chronologisch geordneten Startseite, hunderte neue Posts anderer Instagramer und vergleichen sich unweigerlich mit ihnen.

Menschen waren immer schon eitel und heischten mal mehr, mal weniger nach Komplimenten und Anerkennung. Heute sind wir alle, und ganz besonders die Jugendlichen, durch die sozialen Netzwerke immer stärker der unverhältnismäßigen Selbstwerterhöhung und Selbstwertminderung im Netz ausgeliefert. Das Traurige am Ganzen ist, dass wir unser Selbstwertgefühl immer stärker von der Anzahl unserer Likes, Follower und Kommentare abhängig machen. Wie wir es bei Maria gesehen haben, kann das „virtuelle Treffen" auf den verschiedenen Plattformen zu einem Albtraum werden.

Zahlreiche wissenschaftliche Studien belegen, dass immer mehr Jugendliche in die **Spirale der sozialen Medien** hineingezogen werden. Die Tatsache, dass jeder seine Fotos und Videos auf verschiedenen Plattformen posten und mit ausgewählten Freunden oder der anonymen Allgemeinheit teilen kann, führt dazu, dass Millionen von Jugendlichen und Erwachsenen Informationen über ihr Privatleben preisgeben. Jeder sieht, was der andere macht. Das wird zu einem Wettlauf, in dem jeder versucht, der Welt etwas Besonderes aus seinem Leben zu zeigen. Denn das Internet ist nicht nur Zuschauer, nein, es ist auch Richter, weil jedes Bild mit einem Daumen nach oben oder mit einem Herzchen bewertet werden kann. Und kein Herzchen und kein Daumen nach oben, oder noch schlimmer ein Daumen nach unten, sind auch ein Urteil.

Das macht das Konzept Instagram so beliebt und gleichzeitig so gehasst. Vom guten Ansatz „sich treffen können" ist es zu „sich zeigen müssen" und sogar zu „sich von seiner besten Seite zeigen müssen" geworden. Die Folgen für die jungen Nutzer sind gewaltig: Stundenlang sitzen sie mit leuchtenden Augen über ihr Smartphone gebeugt und wischen von einem Bild zum nächsten. Im Grunde genommen dreht sich alles nur um eines: „Hast du gesehen, was ich alles erlebe? Und du nicht!"

Was für ein **Teufelskreis des Narzissmus,** in dem unsere Kinder ihre kostbare Jugend vergeuden! Ihre ganze Welt beginnt und endet im Wunderkästchen Smartphone. Es hat sie geködert, gekidnappt, beobachtet, ausspioniert, abgestempelt, verkauft und am Ende auch noch gedemütigt dadurch, dass man sie untereinander in einen endlosen und weltweiten Konkurrenzkampf zwingt. Und das ist noch nicht alles! Im Rennen zwischen Selbstwertsteigerung und Abwertung mischt sich noch eine ganz besondere Kategorie von Smombies dazu.

Influencer: die „berühmten" Unbekannten und der Handel mit den Nachhinkenden

In der griechischen Sage fällt der eitle und mit sich unzufriedene Narziss ins Wasser und ertrinkt. In der heutigen Zeit feiern wir millionenfach seine Auferstehung. Narzissmus liegt im Trend, Eitelkeit und Selbstdarstellung haben unsere Gesellschaft in der Hand. Ihre Auswirkungen auf unser Denken, Empfinden und Verhalten sind omnipräsent: Von den riesigen Plakaten der Models, die die Wände unserer Straßen dekorieren, bis hin zur Schönheitschirurgie, durch die in den Operationssälen Brustimplantate eingesetzt, Fett abgesaugt und Gesichter gestrafft werden. Das alles bestätigt, dass Schönheit und gutes Aussehen die Waffen zur Anerkennung und Bestätigung des eigenen Egos sind.

Auf diesem Grundgedanken baut Instagram auf. Durch die Quantifizierung der Klicks und Follower wurden die Nutzer in einen Konkurrenzkampf untereinander gedrängt. Es hat funktioniert, denn jeder kann mitmachen, vom Genie bis zum letzten Trottel. **Wer bekommt mehr Likes?** Das Rennen ist in vollem Gange. Die Spitzenreiter dieses Wettbewerbs werden mit roten Herzchen übersät, sie sind die Superstars der jungen Generation. Weil sie etliche Jugendliche beeinflussen – mit Lifestyle und Werbung – nennt man diese erfolgreichen Instagramer **„Influencer"**

[„Einflussnehmer"]. Ihre Popularität wird in **„Views"** (Ansichten eines Fotos) gemessen und die Anzahl derjenigen, die ihnen nachhinken, ihrer Follower, liegt weit im Millionenbereich. So wurden aus „Mister oder Miss Unbekannt" die Götter der modernen Welt. Nur haben diese angehimmelten Schießbudenfiguren weder einen Nobelpreis gewonnen, einen Impfstoff gegen HIV erfunden, noch Entwicklungsarbeit in den Slums von Kalkutta geleistet. Sie haben keine lebensrettenden Beschlüsse gefasst oder revolutionäre Entdeckungen gemacht. Nein, ihre Größe besteht einzig in der Tatsache, dass sie Millionen Mal von uns idiotischen Smombies angeklickt worden sind, weil sie gepostet haben, wie sie Kaviar essen, ein silbernes Abendkleid tragen, eine Skipiste hinunterfahren, in ein Schwimmbad springen oder eine neue Gesichtscreme testen. Die glücklichen Klick-Millionäre, Influencer, Blogger – egal wie wir sie nennen wollen – machen Schlagzeilen und bekommen inzwischen auch ein großes Stück der Profit-Torte im Internet, weil ihre Geschichten mit gezielter Werbung verbunden werden, die uns allen, während wir online sind, aufgehalst wird. Sie sind die **Werbepartner der Herren von Silicon Valley** geworden. Fleißig machen sie bei der Sache mit, indem sie sich ablichten lassen, während sie das eine oder andere Produkt benützen. Die Werbetrommel rührt Millionen Mal, für sie zahlt es sich wirklich aus.

Ob die **Influencer** ihre Rolle auch wirklich genießen, lässt sich schwer beurteilen, schließlich verdienen sie ihr Geld damit. Die Tatsache, dass sie mehrmals am Tag gezwungen sind, Fotos oder Videos aus ihrem Leben auf Instagram zu posten, macht sie sicher auch zu Gefangenen der Vernetzung. Sie sind von der Bewertung der Allgemeinheit und deren Rückmeldungen abhängig. Je extravaganter ihre Geschichten sind, desto besser! Sie sind ein Werbeobjekt, das durch die Eitelkeit und den Neid der Follower überlebt.

Was soll man dazu sagen? In diesem riesigen Luftschloss namens Insta-gram entstehen täglich neue Helden und Verlierer. Hinter den Kulissen sind es wieder die Herren vom Silicon Valley, die sich ins Fäustchen lachen, während das Geld in ihre Kassen fließt.

Am anderen Ende dieses faszinierenden Systems aber sitzen wir, die armen und ahnungslosen Smombies, deren Neugier und Eitelkeit, deren Wahn des Dazugehören-Müssens dieses ganze Luftschloss der Selbst-darstellung am Leben hält. Ein System, durch das unser ganzes Leben offengelegt wird – für viele ein gefundenes Fressen!

Sherlock Holmes im Netz

Die Geschwister Maria und Katja haben mich noch oft besucht und mir viel erzählt. Die folgende Geschichte war für mich besonders.

Stalking am Samstagabend

Samstags gehen viele Jugendliche aus. Sie treffen sich mit ihren Freunden, nachdem sie am Nachmittag in der WhatsApp-Gruppe entschieden haben, in welche Disco es gehen soll. Es wird getanzt, gefeiert und gesungen, neue Bekanntschaften werden geschlossen. Sehr viel Zeit scheint es für die neuen Begegnungen aber nicht zu geben: Wegen der Lautstärke der Musik gibt es nur wenige Gelegenheiten, sich mit den neuen Freunden zu unterhalten. Man lernt also lediglich neue Gesichter kennen und bekommt einen interessierten Blick oder ein Lächeln zugeworfen.

Am Sonntag lässt man dann die Ereignisse des Vorabends Revue passieren, erklären mir die Mädels. Maria erzählt von lustigen Momenten, Scherzen in der Gruppe und dass sie einen „Figo", wie man hier in Südtirol umgangssprachlich sagt, einen gut aussehenden Burschen, gesehen habe. Als ich nachhake und frage, ob sie diesen „Figo" als interessant beschreiben würde, bekomme ich eine spärliche Antwort: „Eigentlich haben wir nur ein paar Worte gewechselt, das war es auch schon. Er war nichts Besonderes." „Wie, in dieser kurzen Zeit habt ihr ihn bereits abgestempelt?", entgegne ich. „Ja, er ist nichts Besonderes", wiederholt Maria. „Er geht immer schlecht angezogen herum und hat einen Bauch. Außerdem ist er mit komischen Freunden unterwegs, macht zu wenig Sport und feiert zu oft mit seinen Kollegen." Ich bin überrascht und frage: „Wie wisst ihr das alles, wenn ihr ihn nur für ein paar Minuten gesehen habt?"

Da erklären mir die Geschwister, was heutzutage mehr oder weniger alle Jugendlichen machen: Über die sozialen Netzwerke kann man mittlerweile fast jeden ausfindig machen und so einiges über ihn erfahren. Es gleicht einer Recherche, die bis vor Kurzem nur der Polizei möglich war. Inzwischen sind die jungen Smombies zu Experten der Personennachforschung geworden, in der Regel verwenden sie die von ihnen meistgenutzte App Instagram, um ihre Bekanntschaften zu durchleuchten. Genau das haben Maria und Katja direkt nach dem Besuch der Disco gemacht, und den „Figo" **„gestalkt",** kurz gesagt ausspioniert, um ihn besser kennenzulernen.

Durch die Eingabe seines Namens, über Internet-Freunde oder Gruppen gelangt man an fast jedes Instagram-Profil. Dank der seit Jahren geposteten Fotos und Videos erfährt man viel über das Leben des Gesuchten und kann sich von ihm ein recht genaues Bild machen. Meist sind Instagram-Profile für jeden einsehbar, man muss dem armen Ausspionierten nicht einmal folgen, um die Ansicht seiner Fotos zu erbitten. Genau das ist dem schönen „Figo" passiert: Seine Posts wurden analysiert – und weil der Inhalt nicht ganz dem Geschmack der beiden Mädchen entsprach, wurde er für uninteressant befunden, als „nicht besonders" klassifiziert. Die Sache war damit beendet und die Begegnung abgeschlossen. Dies ist ein kleines Beispiel dafür, wie heutzutage in der Welt der Jugend Kommunikation und Interaktion ablaufen: **Deine Posts sagen mir, wer du bist.** Du brauchst gar nichts mehr zu sagen, ich habe alles schon im Internet gesehen.

Das Profil muss deshalb täglich gefüttert werden, damit es interessant bleibt und man von seinen Followern häufig geliked wird. Dies verlangt ein ständiges Dabeisein, harte Arbeit und ein kontinuierliches Fotoshooting. Auch Maria hat vergebens versucht, in ihrer Internetwelt jemand Besonderes zu sein.

Achtung, Spione überall! – Bist du einmal Täter, bleibst du immer Täter

Inzwischen ist es kein Geheimnis mehr: **Im Internet sitzen wir wie im Schaukasten eines Zoos.** Schlimmer noch! Jeder kann uns bewundern und zwar nicht nur in unserer Gegenwart. Auf Wunsch bekommt man auch Einblick in unsere Vergangenheit, und das alles kostenlos. Dass der Mensch sich in seinem Wesen so offen preisgibt, hat es noch nie gegeben. Er hatte immer ein gewisses Bedürfnis, sich manchmal zurückzuziehen und seine Ruhe in der Abgeschiedenheit zu genießen, wie es auch bei wilden Tieren der Fall ist.

Wir alle brauchen ab und zu Stille und Geborgenheit, um unsere Privatsphäre, Intimität und Geheimnisse zu wahren. In der modernen Zeit wird dieses Recht auf Selbstschutz und Vertrautheit **„Privacy"** genannt. Durch sie verteidige ich mein Recht auf meinen privaten Bereich, auf meine Unbekanntheit, auf meine Ruhe. Obwohl wir dauernd und überall Dokumente zum Schutz der Privacy unterzeichnen müssen, ist dieses Grundbedürfnis in den letzten zehn Jahren stark unter Beschuss geraten, beinahe totgeschossen worden. Dadurch, dass wir jeden Moment erreichbar und verfolgbar sind, unseren Aufenthaltsort durch die Verwendung des GPS preisgeben, im Internet surfen und über unsere Wunderkiste Smartphone aktiv sind, indem wir in den sozialen Netzwerken unser Leben in die Welt hinausposaunen, ist die Möglichkeit des Alleinseins, der Anonymität und der Bewahrung unserer Geheimnisse für immer erloschen. Dem entgegenzurudern, ist kompliziert, wenn nicht sogar unmöglich.

Der junge Smombie postet fleißig Selfies und ist damit zum täglichen Brot der Werbeindustrie und des Silicon Valley geworden. Die Jugend macht das freiwillig und ohne lang darüber nachzudenken. Wieso soll sie auch?

Die Internetnutzer haben ja alle nichts zu verstecken, glauben sie. Was ihnen aber dabei entgeht, ist, dass alles, was so leichtsinnig ans Netz verfüttert wird, dort gespeichert bleibt – für immer. Ein Leckerbissen für Freunde, Bekannte und Fremde – der „Figo" lässt grüßen.

Denn es gibt noch viele andere neugierigere Augen im Internet, darunter Versicherungen, Wohnungsvermieter, Meinungsforschungsinstitute, Statistikbüros, Experten für die Erstellung psychologischer Profile, Trendforscher, Hacker aller Fronten und am Ende Polizei und Finanzamt. Die Daten der unwissenden Smombies bleiben ein Leben lang und darüber hinaus im Netz, daher bekommt sie auch ein zukünftiger Arbeitgeber, bei dem wir uns vielleicht Jahre später für eine Stelle bewerben. Ob der Smombie dann eine Anstellung bekommt, hängt nicht zuletzt von dem ab, was sein Instagram- oder Facebook-Profil preisgibt. Wenn er sich da einmal beim Besaufen oder Kiffen mit Freunden, beim Anpöbeln seiner Freundin oder beim Daherreden ausländerfeindlicher Sprüche gezeigt hat, findet das der Arbeitgeber vielleicht gar nicht so toll. Alles kann ausspioniert werden, von den pubertären Exzessen bis zum Universitätsabschluss und so weiter. Diese Informationsbeschaffung über die sozialen Netzwerke geschieht überall auf der Welt. Auch wenn der Lebenslauf, die Referenzen und das Vorstellungsgespräch des Bewerbers den besten Eindruck machen, hat der potenzielle Arbeitgeber schon längst seine diversen Social-Media-Profile durchkämmt und sich einen bleibenden Eindruck von ihm gemacht. Da ist der Smombie selber schuld, wenn er die Stelle nicht bekommt, und darf nicht böse auf die anderen sein. Er selbst hat diese privaten Augenblicke öffentlich gepostet.

Fotografieren statt leben

Was das Fotoshooting mit sich bringt

Dass man mit einem Telefon auch fotografieren kann, ist eine Eigenart des 21. Jahrhunderts. Noch vor hundert Jahren war das Fotografieren eine komplizierte Sache, die nur wenige beherrschten und anboten. Man erinnere sich an die schwarz-weißen Fotos unserer Großeltern, an deren alte Familienfotos, auf denen zehn Personen mit ernstem Blick in die Kamera schauen. Man sieht kein Lächeln, kann keine Emotion vom Bild ablesen. Das waren andere Zeiten. Noch heute heißt es, dass damals wenig gelacht wurde, weil das Leben so hart war und es ganz einfach wenig zu lachen gab.

In der Entwicklung sind wir von der Schwarz-Weiß- zur Farbfotografie übergegangen, von der analogen zur digitalen Kamera und nun als letztes beim Smartphone angekommen. **Der perfekte Fotoapparat für den Durchschnittsfotografen ist das Telefon.** Inzwischen gibt es Smartphones mit bis zu fünf Kameras. Fotografieren kann heute jeder, man braucht keinen Fotografen mehr, denn man ist ja selbst zum Selfie-Spezialisten geworden, ein Fotograf, der sich selbst fotografiert. Einfacher geht es nicht mehr.

Jetzt wollen wir aber kein gewöhnliches Bild von uns posten, es muss etwas Besonderes sein! Daher strengen wir uns an und versuchen, Kunstwerke zu knipsen. Dank des digitalen Telefons schießen wir unzählige Bilder, werten sie aus, löschen die schlechten, retuschieren die guten, bis wir am Ende ein Bild haben, das unserer Vorstellung von Perfektion relativ nahe kommt. Dann kann das Foto endlich gepostet werden, das Aushängeschild unseres momentanen Lebens. Es ist der Beweis dafür, dass wir noch da sind, dass wir dabei sind, und zwar in Höchstform. Der perfekte Mensch, der nur Schönes erlebt.

Dass bei dieser Arbeit viel Zeit verloren geht und durch die Bearbeitung die Realität des Lebens verfälscht wird, während die Wirklichkeit an uns vorbeizieht, ist dem Smombie nicht bewusst. Er postet Fotomontagen, statt Lebenserfahrungen zu machen, Traumwelten, anstatt die Realtät zu genießen – all das nur, weil es ihm sein Narzissmus diktiert. **Das Foto bleibt, doch der Augenblick ist weg.** Der Smombie hat ihn kaum genossen, da er ihn aus allen Winkeln ablichten musste. Millionen Jugendliche leben an ihrem echten Leben vorbei, weil sie jeden Tag stundenlang einer gefälschten Welt nacheifern. Lügen werden gepostet und Lügen werden weitergegeben, die Welt liebt die Lüge. Mit der Zeit entwickelt sich das Selfie-Shooting zum Ausdruck einer Selbstliebe, die zur Obsession und zum Zwang wird und letztendlich in Selbsthass gipfelt, da die Smombies irgendwann erkennen, dass sie ihre wertvolle Lebenszeit vergeudet haben.

Schön und perfekt: Traumbild, Magersucht und Schönheitschirurgie

Was aber sind die Inhalte dieser Bilder? Meist zeigen sie strahlende und lächelnde Gesichter, stylische Kleidung, elegante Restaurants, hübsch dekorierte Teller mit edlen Speisen, schnelle Autos, luxuriöse Villen mit Schwimmbädern, Sonnenauf- und -untergänge, schöne Panoramen und Naturbilder. Es ist alles bildschön, vor allem die Leute, die Buben und Mädchen im Vordergrund. Da frage ich mich manchmal: Wo sind eigentlich die hässlichen oder weniger schönen, die normalen Leute geblieben? Die Dicken, die Kleinen, die mit dem breiten Gesäß und der schiefen Nase? Die gibt es doch in der realen Welt und zwar mindestens genauso oft, wie es Schöne gibt. Auf Instagram sucht man nach ihnen allerdings vergeblich. Durch die Bearbeitung der Bilder haben sich alle schön gezaubert, ganz besonders die Influencer, die sich auf der Plattform nur im Idealzustand zeigen. Es gibt nur noch schöne Menschen, alle in Pose vor der Kamera.

Die extreme Verherrlichung der Schönheit, die den jungen Leuten andauernd unter die Nase gerieben wird, hat gewaltige Konsequenzen auf Lebenseinstellung und Interaktion im Alltag. Die Erwartungen der Teenies an Freundschaften und Beziehungen haben sich stark gewandelt, die Ansprüche sind ins Unermessliche gestiegen. **Die Scheinwelt der perfekten Bilder,** die sie in ihrem Smartphone serviert bekommen, hat ihre Träume beeinflusst und sie zu überkritischen, kompromisslosen und wählerischen Menschen werden lassen. Die Partnersuche gestaltet sich immer schwieriger, denn er muss groß, muskulös und sportlich sein, einen Waschbrettbauch und ein sympathisches Lächeln haben. Sie muss groß und schlank sein, schöne Zähne, langes Haar, eine tolle Oberweite und lange Beine haben.

Träume und Idealvorstellungen hat jeder Jugendliche und so war es auch früher bei uns Älteren, wenn wir in den jungen Jahren die Poster der Stars an unsere Wände geklebt haben. Wir hatten unsere Helden, die weiblichen Schönheitsidole, die wir anhimmelten. Damals gab es noch wenige Stars und Prominente, heute sind wir alle kleine Berühmtheiten und werden permanent mit Perfektion bombardiert; so intensiv, dass niederschmetternde Minderwertigkeitskomplexe bei den weniger Schönen und enorme Erwartungshaltungen bei allen anderen geschürt werden. Die ganze Gesellschaft wird in der Partnersuche anspruchsvoller.

In den jungen Köpfen nistet sich ein **Bild der Perfektion** ein, das zur Verzerrung des eigenen Körperbildes führt. Immer öfter kommt es bei Jugendlichen zu Magersucht und Bulimie. Eltern werden mit unmöglichen Wünschen konfrontiert: Viele wollen eine Visite beim Schönheits-

chirurgen, Brustimplantate und Fettabsaugung sind bei Minderjährigen kein Tabu mehr, denn der Druck im Netz ist groß. Was dort zu sehen ist, beeinflusst das Verhalten und den Geschmack der Jugend. Man denkt sich seine Traumfigur aus, perfekt und so weit wie nur irgend möglich von der Realität entfernt. Jede neue Begegnung, jeder potenzielle Partner wird verglichen mit der Perfektion im Netz und hat natürlich keine Chance.

Anstatt sich durch die sozialen Netzwerke zu finden, wie es ursprünglich von den Herren des Silicon Valley versprochen wurde, geht man frustriert auseinander und vereinsamt, weiterhin mit dem Kopf über dem Bildschirm, in Bewunderung des Traummannes oder der Traumfrau, die so perfekt sind im Gegensatz zu einem selbst, obwohl es diese Perfektion in Wahrheit gar nicht gibt.

Passiv, faul und dick

Irgendwann passiert es dann aber doch, der Smombie schaltet das Smartphone aus und sitzt wieder in der realen Welt. Seine Augen sind müde, der Nacken verspannt vom langen Hinunterblicken auf den kleinen Bildschirm. Das Leben holt ihn wieder ein, er ist mit der Realität konfrontiert. Stunden sind an ihm vorbeigezogen, alles hat sich weiterbewegt, nur er ist stehen geblieben, während er dem Leben der anderen zugeschaut hat. Wie sollte er da auch nicht betrübt, von Gewissensbissen geplagt und voller schlechter Laune sein? Das ist nämlich das, was die befragten Jugendlichen von sich sagen: Nach längerem Internetkonsum empfinden sie meist Leere und Gereiztheit. Sie brauchen dann immer eine gewisse Zeit und Überwindung, um sich wieder aufzuraffen, etwas zu bewerkstelligen und zu unternehmen. Ja, das bloße Zuschauen macht einen faul und träge. Die Versuchung, passiv in den Bildschirm zu glotzen, ist zu groß. Warum sich selbst abrackern und Erfahrungen machen, wenn die Welt zuhause auf dem Sofa erlebbar ist? All die Instagram-Fotos und YouTube-Videos vermitteln aber keine Lebensenergie. Ganz im Gegenteil, sie rauben dem jungen Zuschauer auch noch seinen letzten Rest Tatendrang. **Die Lust, selbst etwas in Angriff zu nehmen, geht bei den fleißigen Internetnutzern immer mehr zurück.**

Der Hirnforscher und Psychiater Manfred Spitzer erklärt, dass die Smartphone-Generation im Körper träge geworden ist, weil die Jugendlichen generell „nicht mehr wollen". Sie sind Zuschauer statt Darsteller des Lebens. Die Symptome dieser Lebenseinstellung: Lustlosigkeit, Frust, Neid und Schwerfälligkeit im Kopf, Müdigkeit, Apathie, Lahmlegung im Körper. Das bringt **unangenehme Nebenerscheinungen für den Smombie** mit sich: Er wird faul und dick. Haltungsschäden, Bluthochdruck oder Zuckerkrankheit sind die Folgen, der Bewegungsmangel führt zu Übergewicht oder gar Fettleibigkeit.

Die Kinder der heutigen Zeit bewegen sich weniger und treiben weniger Sport. Um die Folgen dieses gesellschaftlichen Phänomens zu sehen, braucht man nur im Schwimmbad die Augen aufzumachen: Gefühlt jedes dritte Kind ist übergewichtig. Schuld daran ist neben der falschen

Ernährung der passive Lebensstil des kontinuierlichen Smartphone- und Internetgebrauchs. Egal aus welchen Blickwinkel man es betrachtet, man kann nur verlieren: **Entweder wird man so beeinflusst, dass man abmagern will, oder ist so passiv, dass man dick wird.**

Die „Freunde" und „Follower" im Netz

Da haben wir es nun. Das Netz zwingt zum Mitmachen, Posten, Fotografieren und Filmen. Man wird hineingesogen, indem man gebeten wird, Freund oder Follower zu werden. Die meisten machen mit, ohne lange zu überlegen. Warum auch nicht? Wo gibt es heute noch Leute, die dich ansprechen, um dein Freund zu werden, um mit dir ihre Lebensgeschichte zu teilen? Einen Freund zu haben ist eine Anerkennung, eine Bestätigung der eigenen Person. Also bestätigt man Freundschaftsanfragen und stimmt der Freundschaft zu. Jetzt ist man dabei, gehört zu einer Gruppe und kann mit jemand Neuem kommunizieren, ohne sich umständlich zu verabreden und sich schließlich in echt zu treffen. Was für ein Geschenk! Eine virtuelle Freundschaft ist ein Gesicht, das einen vom Bildschirm aus anlächelt, einen an Geschichten teilhaben lässt und ansonsten nicht viel mehr von einem haben will. Keine Verpflichtungen, keine Versprechen!

So steigen wir also in das Spiel ein und leben in der Annahme, viele neue Freunde zu haben. Das Netz listet ständig auf, wie viele Freunde und Follower wir schon haben und täglich dazugewinnen. Wie das im Netz so ist, wurde uns ursprünglich nur die gute Absicht vor Augen geführt, mit jedem Bewohner dieser Welt als Freund vernetzt zu sein. Eine gute Idee, die aus der Hippie-Welle mit ihrem Glauben an die kosmische Liebe stammen könnte.

Die Kehrseite der Medaille sieht aber ganz anders aus: Die virtuellen und oberflächlichen Freundschaften, die auf den Plattformen stattfinden, haben sich mit der Zeit als **wahre Last für unser Leben und unsere Seele** erwiesen.

Ständig abgelenkt: Sternschnuppen über uns

Was wir so leichtsinnig angenommen haben, hat sich über die Jahre zu einer enormen Welle aus Nachrichten, Botschaften, Kommentaren, Bildern und Likes aufgebaut. Durchschnittlich hat ein Facebook-Nutzer 338 Freunde und die großen Influencer auf Instagram haben Millionen Follower.

Da fragt man sich wirklich, wie diese Art der Kommunikation überhaupt funktionieren kann. Woher nehmen die Leute die Zeit und die Energie, um diese enorme Anzahl an Daten und Nachrichten zu bewältigen, die sich wie Sternschnuppen über unseren Köpfen vervielfältigen? Trotzdem funktioniert es, die Smombies schaffen das. Wir hören sie ständig, die andauernden Piepstöne, das Geklingel, die unterschiedlichsten Geräusche und Melodien, die uns überall auf der Straße, in Wartesälen oder Restaurants begleiten. Tag und Nacht. Das sind unsere vielen Freunde im Netz, die uns aufsuchen, Nachrichtenportale, die uns ihre Meldungen präsentieren oder Apps, die uns daran erinnern, dass es sie auch noch gibt. Dass wir durch all diese Sternschnuppen ständig abgelenkt werden und mit der Zeit ein ernsthaftes Aufmerksamkeitsdefizit entwickeln, wird von zahlreichen wissenschaftlichen Studien bestätigt.

Das Resultat sind die gebeugten Köpfe der Smombies, die mit uns zusammenstoßen, beim Autofahren das Leben riskieren und mit dem Smartphone unter dem Kissen einschlafen.

Die neuen Smartphone-Krankheiten

Die vielen Sternschnuppen bringen uns nichts Gutes. Ich glaube, dass mittlerweile wohl jedem von uns klar geworden ist, dass die Belastung, der wir alle ausgesetzt sind, ein beängstigendes Ausmaß erreicht hat, besonders bei unseren Kindern. Wir sehen ja, wie sie unruhig, gereizt, ausgelaugt und manchmal sogar apathisch durch den Tag gehen, wie sie sich an ihr Schatzkästchen klammern und es nicht mehr loslassen können, wie sie es auf Toilette, zum Arzt, an den Esstisch und überallhin mitnehmen, wie sie stundenlang mucksmäuschenstill irgendwo sitzen und auf dem Bildschirm herumdrücken, wie sie oft aufschrecken, weil sie meinen, ihr Smartphone hätte vibriert, auch wenn es nicht so war.

Diese Unruhe zieht sich durch das ganze Wesen und es dauert oft nicht lange, bis Körper und Geist zurückschlagen. Wir Ärzte erleben es täglich in den Praxen und sehen es an unseren Patienten. Es sind neue Krankheitsbilder, die bis vor kurzem in keinem Pathologiebuch zu finden waren. Die Amerikaner, die als Erste die **Folgen einer zu intensiven Smartphone-Nutzung** studiert haben, haben den Krankheiten der jungen und weniger jungen Smombies Namen gegeben.

Nomophobie: die Angst, nicht erreichbar zu sein

Es gibt Menschen, die den Druck ihrer Follower im Netz als so stark empfinden, dass sie es kaum wagen, irgendwohin zu gehen, wo sie keinen Empfang haben. Der Gedanke daran, nicht erreichbar zu sein, ist für sie unerträglich. Sie werden nervös und unruhig, wenn einmal eine Stunde vergeht, in der das Kästchen keine Nachrichten empfangen kann. Am schlimmsten ist es, wenn der Akku ausgeht – das ist deren Weltuntergang. Deshalb schleppen viele Smombies einen externen Akku mit sich herum, eine sogenannte „Powerbank", um diese Katastrophe auf keinen Fall erleben zu müssen.

Fear of missing out: die Angst, etwas zu versäumen

Diese Angst ist gerade bei Jugendlichen verbreitet, deren Selbstbewusstsein schwach ist und die nur in den sozialen Netzwerken die **Bestätigung ihres Ichs** erhalten. Sie hängen an ihrem Smartphone, fühlen sich dadurch stark und unverletzlich. Darum ist es für sie unentbehrlich, immer alle Benachrichtigungen zu erhalten und sofort Stellung zu beziehen, denn sonst würden sie nicht mehr dazugehören und wären kein Teil der Gemeinschaft mehr. Das eigene Selbstwertgefühl wird nur durch Likes, Kommentare und Follower bestätigt. Versäumen heißt, nicht dabei zu sein und damit zum einsamen *„Loser"* [Verlierer] zu werden.

Constant Alert: in dauernder Alarmbereitschaft

Dieses Phänomen bezieht sich auf die Internetfreaks und all jene, die durch das Internet ihr tägliches Brot verdienen. Smartphone in der Hosentasche, Kopfhörer aufgesetzt, ständig verbunden, ständig auf der Hut, ständig in Alarmbereitschaft, wie ein gehetztes Tier. Diese Menschen leben doppelgleisig: Das Smartphone ist ihr zweites Herz, das parallel zum eigenen pulsiert. Sie leben in Symbiose mit dem Netz, sind Könige des Multitaskings, erledigen also gleichzeitig mehrere Aufgaben.

Wie sie das über längere Zeit verkraften und sich am Ende des Tages fühlen, kann man nur erahnen. Rund um die Uhr unter Strom zu stehen, ist der direkte Weg ins Burn-out. Mittlerweile sind es nicht mehr nur Manager, die im besten Fall in der Klinik landen und im schlimmsten Fall versuchen, sich das Leben zu nehmen.

Performing anxiety: die Leistungsangst

Es ist eine traurige Tatsache, dass junge Menschen, besonders Mädchen, immer mehr unter starken Ängsten und Minderwertigkeitsgefühlen leiden. Wie bereits erwähnt, bieten soziale Netzwerke, allen voran Instagram,

Facebook und YouTube, den jungen Nutzern eine geradezu ideale Bühne zur Selbstdarstellung. Dahinter steckt der Wunsch nach Bestätigung. Gelingt das, ist der Narzisst glücklich. Das Netz verbindet und öffnet dem User eine endlose Welt, gleichzeitig aber zwingt es ihn auf eine Bühne, auf der er von einem gigantischen Publikum beäugt wird. Hier erfährt er kontinuierlich Bestätigung – oder aber Ablehnung. Das bringt Stress und kostet Nerven. Wie vor einem Auftritt muss man sich täglich von Neuem vorbereiten. Da fragt sich keiner mehr, warum die Smombies so viel Zeit vor dem Bildschirm verbringen. Sie bereiten ihre Show vor, müssen auftreten, etwas Außergewöhnliches von sich zeigen und dies jeden Tag wieder. Was für eine Belastung, die uns die „Freunde" im Netz aufdrängen. **Zu welcher Zeitverschwendung das Mitmachen uns alle zwingt.** Können wir das noch als positiven Fortschritt bezeichnen?

Panikattacken, Angststörungen und Depression

Es gibt sie, die Studien, die Alarm schlagen. Trotz der intensiven Werbung für den Verkauf von digitalen Endgeräten und die Anmeldung bei Internetplattformen wird die warnende Stimme von Hirnforschern und Ärzten immer lauter. Die negativen Folgen des Smartphone-Gebrauchs, besonders bei jungen Menschen, werden durch immer mehr Studien belegt, es sind sowohl körperliche als auch seelische Störungen.

Es ist erwiesen, dass die exzessive Smartphone-Nutzung zu Lebensunzufriedenheit, Ängsten, Aufmerksamkeitsstörungen, Sucht, Schlafstörungen, Tagesmüdigkeit, Panikattacken, Persönlichkeitsstörungen, gesteigerter Aggressivität und einem verminderten Mitgefühl führen. Über die körperlichen Auswirkungen wie Haltungsschäden, Übergewicht, Bluthochdruck und Diabetes haben wir schon gesprochen. Am Ende der Liste steht die Depression. Sie erwischt Erwachsene genauso wie Jugendliche. Die Daten sind ernüchternd für alle, weil Depressionen

schon bei Jugendlichen ein besonderes Armutszeugnis für die gesamte Gesellschaft darstellen.

Wer sich fragt, warum Jugendliche depressiv werden, sollte sich zuerst fragen, wie oft sie schon als Zweijährige von ihrer Mutter mit einem Tablet alleingelassen wurden, das ihnen Märchen erzählte, ob sie schon mit sechs Jahren stundenlang vor der PlayStation gesessen, mit neun Jahren eine ganze Armee bewaffneter Krieger in Computerspielen kaltblütig über den Haufen geschossen oder bereits mit 13 die Pornowelt im Internet kennengelernt haben. Er sollte sich auch fragen, wie Jugendliche von heute die Bilder der Terroranschläge auf das World Trade Center in New York am 11. September des Jahres 2001 erleben, in denen Menschen aus den Fenstern springen und die Zwillingstürme in sich zusammenfallen, wie sie Videos über die Enthauptung von Isis-Geiseln verdauen oder was sie empfinden, wenn sie die Folgen einer Tsunami-katastrophe sehen.

Was heißt es heutzutage, Kind zu sein? War unsere Jugend auch so? Haben wir als Jugendliche auch die vielen Toten, die Terrorattacken, die Katastrophen, die Massenpaniken zu sehen bekommen, die uns das Internet ständig zeigt? Oder hatten wir Glück, dass es nur einen Fernseher mit ein paar Programmen im Haus gab, und der Vater die Sendung auswählte, die man dann zusammen anschaute? Ja, wir hatten das Glück, dass wir mit den Eltern die Filme und Berichte besprechen und verarbeiten konnten. Unsere Jugend war anders, sie bestand aus Laufen, Spielen, Klettern, Basteln, Schwitzen und Schreien, meistens draußen in der Natur. Erst das Fernsehen, dann die sozialen Medien haben die Freizeitgestaltung unserer Gesellschaft durcheinandergebracht. In den Achtziger- und Neunzigerjahren war es das stundenlange Zappen vorm Fernseher, später das Surfen im Internet und die Kommunikation in den sozialen Netzwerken. Die Kinder und Jugendlichen wurden an ihre Bildschirme gefesselt.

Nun brauchen wir uns nicht mehr zu fragen, woher der so häufige **Pessimismus in den Herzen unserer Kinder** kommt, woher die negativen Eindrücke kommen, die sie bereits mit drei Jahren aufnehmen und mit denen sie häufig ganz allein zurechtkommen müssen. Wir sind beschützt worden, unsere Kinder nicht mehr, das ist uns Eltern und der Gesellschaft des 21. Jahrhunderts nicht mehr gelungen. Es war schon in den Achtzigerjahren schwierig, über die Medien ein positives Weltbild zu erhalten, noch härter wurde es in den Neunzigern, aber nach der Jahrtausendwende wurde es dramatisch: Die digitale Walze hat alles bisher Dagewesene platt gedrückt und neu aufgebaut. Die Geschwindigkeit des bahnbrechenden Vorgehens hat uns wie ein Tornado mitgerissen. 2007 kam das erste populäre Smartphone auf den Markt, das sich millionenfach verkauft hat. Über diese Zahlen können wir heute nur mehr lachen, denn beinahe jeder besitzt so ein „intelligentes Telefon".

Es ist kein Zufall, dass 2007 gleichzeitig die Verwendung der sozialen Medien in die Höhe schoss. Mit ihrer Strategie drehten die Herren vom Silicon Valley dem Optimismus der Jugend den Hals um. Unsere Kinder sind von klein auf im Netz, werden durch Fotos und Videos über alles aufgeklärt, mit all den schlechten Nachrichten überhäuft, mit Blut, Tod und Vergewaltigung in Computerspielen konfrontiert und den mit Eitelkeit und Neid vollgestopften sozialen Netzwerken ausgesetzt. Wie soll man da nicht traurig, ängstlich und depressiv werden? Die Depression der Jugendlichen, mit allen ihren Begleiterscheinungen, ist ein Signal, ein Hilfeschrei der Jugend, die an der Informationsüberdosis leidet und im digitalen Chaos untergeht. Am Ende ihres Leidens steht der Suizid.

Suizidgedanken: wenn die Zeit knapp wird

Es gibt Warnzeichen: Der Jugendliche wird schweigsam, zieht sich plötzlich zurück und wird zum Stubenhocker, hat keine Lust auf die Schule mehr, sein Wesen verändert sich, er pflegt sich nicht mehr, vernachlässigt Sport, Hobbys und Freunde. Wenn Sie als Eltern diese Verhaltensauffälligkeiten bei ihrem Kind bemerken, sollten Sie diesen Hilferuf ernst nehmen, denn es könnten die ersten Anzeichen einer Depression sein.

Was wir bei Maria gesehen haben, ist bei Jugendlichen keine Ausnahme und sollte nicht auf die leichte Schulter genommen werden. Die Pubertät ist eine schwierige Zeit: Die Veränderungen am eigenen Körper, der allgemeine Leistungsdruck und die Erwartungen an das Leben sind hoch, was oft zu Überbelastung, Orientierungslosigkeit und Depression führen kann. Einen wesentlichen Teil der Verantwortung dafür tragen die neuen Medien. Die **großen Trugbilder**, die durch das Netz vermittelt werden, machen Teenager zu Gejagten. Der vorgetäuschte Perfektionismus, der Zwang zur Schönheit, zur Leistung und zum überall Dabeisein, erzeugen permanenten Stress und am Ende Einsamkeit. Für viele Jugendliche ist dieser Druck so belastend, weil sie mit niemandem darüber sprechen können. Sie schämen sich, Schwäche zu zeigen und vielleicht noch mehr, Hilfe zu suchen. Darauf folgen Isolation, Angstzustände, Verzweiflung, Depression und als letzter Ausweg der erlösende Gedanke, seinem Leben ein Ende zu setzen.

Darum müssen Eltern Warnzeichen ernst nehmen und um jeden Preis versuchen, ihre Kinder nicht vereinsamen zu lassen sowie mit ihnen im Gespräch zu bleiben. Wenn Sie merken, dass Sie keinen Zugang mehr zu Ihren Kindern haben, sollten Sie sich an eine Beratungsstelle, Ärzte oder Fachambulanzen wenden. Kontaktadressen finden Sie am Ende des Buches.

Die Einsamkeit der Rudeltiere

Wir Menschen wissen, dass wir Rudeltiere sind. Wir leben in der Gruppe und sind Beziehungswesen. Sind wir aber heutzutage noch imstande, dieses Bedürfnis zu befriedigen? Die Antwort lautet: immer weniger!

Die Statistik spricht Klartext. Die Zahl der Singlehaushalte hat sich in Deutschland während der letzten vierzig Jahre verdreifacht. Soziale Isolation ist zu einem gesellschaftlichen Problem geworden. Die britische Regierung hat vor kurzem zum ersten Mal in der Geschichte ein eigenes Ministerium zur Einsamkeitsbewältigung errichtet. Erstaunlicherweise ist das Problem der sozialen Isolation gerade bei Jugendlichen stark im Steigen. Der Psychiater und Suchtexperte Kurosch Yazdi erklärt, wieso gerade Smartphones und digitale Kommunikation eine so große Ver-

antwortung dafür tragen: Die sozialen Netzwerke gaukeln uns vor, unser Verlangen nach Zugehörigkeit im Rudel stillen zu können. **Solange wir auf Facebook oder Instagram sind, fühlen wir uns nicht einsam,** denn wir sind ja ständig mit all unseren „Freunden" vernetzt. Doch wir verwechseln Qualität und Quantität! Häufig haben Menschen Tausende von Facebook-Freunden und Instagram-Followern, aber keinen einzigen Freund im echten Leben. Sie werden sich dessen erst bewusst, wenn sie krank im Bett liegen und keiner sich blicken lässt.

Im Gespräch mit *„kurier.at"* erklärt Kurosch Yazdi, dass sich durch die sozialen Medien das allgemeine Kommunikationsverhalten verändert hat. Bereits der Gedanke an ein Telefongespräch erschreckt viele Jugendliche, ganz zu schweigen von einem Rendezvous in der Wirklichkeit, das manchmal sogar als eine vergeudete Zeit gesehen wird. Auf dem Schulweg chattet man mit Leuten, die nur wenige Schritte hinter einem gehen – die Jugend drückt ihre Gedanken und Gefühle lieber übers

Internet aus anstatt von Angesicht zu Angesicht. Online erreicht man nebenbei viel mehr Menschen.

Das ist allerdings eine große Täuschung, denn ein persönliches Gespräch hat eine ganz andere Bedeutung als die Kommunikation im Netz. Gerade weil wir soziale Wesen sind, brauchen wir einen reellen Gesprächspartner, der uns persönlich seine Aufmerksamkeit schenkt, den wir fühlen, sehen, riechen und anfassen können. **Das alles versäumen wir in den „sozialen" Netzwerken!**

Yazdi nennt es daher Betrug, wenn wir in diesem Zusammenhang von Freundschaft sprechen – so etwas wie virtuelle Freundschaft gibt es nicht. Netz-Freundschaften machen uns höchstens beziehungsunfähig und einsam.

Pubertät und Sexualität in Zeiten des Cybersex

Es ist kein Geheimnis: Einige der meistbesuchten Internetseiten sind pornografischer Art. Dies sind auch die Seiten, mit denen am meisten Geld gemacht wird. Unter dem Begriff „Cybersex" versteht man Kommunikation, Videos, Bilder und Chats mit pornografischem Inhalt, alles übers Internet. Es ist eine gigantische Menge von Daten, die täglich hin- und hergeschickt wird. Werbanzeigen mit erotischem und pornografischem Inhalt findet man auf allen möglichen Plattformen, die eigentlich gar nichts mit dem Thema zu tun haben. Die Devise **„Sex sells" funktioniert auch noch im digitalen Zeitalter,** das hat die Werbeindustrie begriffen. Es ist fast unmöglich, im Internet zu surfen, ohne auf Erotikwerbung zu stoßen. Niemand ist vor der Pornografie im Netz sicher, am wenigsten die Kinder und Jugendlichen. Das bedeutet: Obwohl von Eltern und Schule Aufklärung geleistet wird, klären sich Minderjährige größtenteils selbst mithilfe des Internets auf. Wie das zu bewerten ist, muss jeder für sich selbst beurteilen. Tatsache ist, dass eine bestimmte Neugier für Sexualität zum Erwachsenwerden dazugehört. Das Netz ist für Buben und Mädchen eine wichtige Plattform zur sexuellen Aufklärung.

Die Münchner Paar- und Sexualtherapeutin Dr. Heike Melzer beobachtet seit Jahren, wie sich das Sexualverhalten in Zeiten von Internet und Smartphone verändert. Sie hat die sexuelle Entwicklung von heranwachsenden Jugendlichen im Blick und spricht von einer „neuen sexuellen Revolution", in der die ständige digitale Verfügbarkeit von Pornos, Dating-Apps und käuflichem, virtuellem Sex zu sexuellen Funktionsstörungen und Suchtverhalten führen kann.

Pornografie begleitet Kinder heute durch die Pubertät. Der Erstkontakt findet im Schnitt zeitgleich mit dem Erhalt des ersten Smartphones statt, also mit ungefähr elf Jahren. Im Alter von 14 Jahren haben neun von zehn Heranwachsende bereits einschlägige Erfahrungen mit Pornografie gemacht. Vor allem für Buben ist es nichts Außergewöhnliches, jeden Tag Pornos zu schauen – manchmal stundenlang.

Pornografisches und Sexuelles ist immer und überall sofort verfügbar, einmal tippen genügt. Pornos schauen bedeutet, Superman beim Sex zuzuschauen: Obwohl es sich in den allermeisten Fällen um nichts als Fiktion handelt, nimmt der sexuell unerfahrene Smombie was er sieht für bare Münze. **Die Folge sind hohe Ansprüche** an sich und potenzielle Sexualpartner, Leistungsdruck, Versagensangst und die Furcht, dem Idealbild, das man aus der Internetpornografie kennt, nicht gerecht zu werden. Außerdem stumpft man durch immer extremere Inhalte und Fetische zunehmend ab – wenn es dann einmal zur Interaktion mit einem realen Partner kommt, reagiert der Körper gar nicht mehr.

Daher kämpfen schon Sechzehnjährige mit Erektionsstörungen, verzögertem oder ausbleibendem Orgasmus und partnerbezogener Lustlosigkeit. Mädchen konsumieren zwar weniger Pornografie, aber auch sie sind neugierig und informieren sich mittels Internet. Die extremen Darstellungen der Netzpornografie (Analsex, Gruppensex, inszenierte Vergewaltigungen usw.) verzerren auch ihr Bild von der Sexualität und verunsichern sie. Wenn sie dann ihr erstes Mal im echten Leben haben, glauben sie, so performen zu müssen, wie es im Internet üblich ist.

Die Pubertät ist eine besonders verletzliche Zeit. Die Heranwachsenden verfügen nicht über eine ausreichende Selbststeuerung, sich diesen Bildern im Netz zu entziehen. Sie können nicht einschätzen, ob das, was sie da sehen, der Realität entspricht oder nicht – im Zweifelsfall ist es für sie real. Die Erwachsenen hinken dem Problem wie immer hinterher und sind im besten Fall höchstens davon überzeugt, dass ihre eigenen Kinder solche Inhalte nicht konsumieren oder zumindest als Fiktion erkennen. Sie sprechen mit ihren Kindern kaum über dieses Tabuthema und haben wenig Zugang zu dieser Welt. Auch diesmal hocken die Kinder wieder allein vor ihren Bildschirmen.

Die Gegenbewegung **„Make Love – not Porn!"** [„Macht Liebe – keine Pornos!"] aus Amerika stellt sich gegen die verzerrte Wirklichkeit der Online-Pornografie und will dem Trugbild der Pornoindustrie reale Bilder gegenüberstellen.

Weniger Empathie, weniger Sex

Es ist kaum zu glauben: Eine Umfrage der englischen Tageszeitung *The Guardian* über das Sexualverhalten Heranwachsender zwischen 18 und 24 Jahren spricht von einer sexuellen Rezession. Laut Meinungsumfrage haben die jungen Menschen heute weniger Sex als die Generation ihrer

Eltern. Wie kann das sein? In einer Zeit, in der per Internet das **„Sexting"**, das Versenden sexueller Nachrichten über Onlinechats, gang und gäbe ist, pornografische Seiten immer häufiger besucht werden und das Online-Dating boomt, müsste man annehmen, dass die Beziehungen zwischen Partnern intensiver und enger geworden sind. So ist es aber nicht. Studien erzählen von einer extrem vernetzten Jugend, einem Meer von Nachrichten, Chats, Treffen in den sozialen Netzwerken, durch die aber nur digitale Verbindungen geschaffen werden. Und bei denen bleibt es dann auch meistens. Die Angst vor einer Annäherung spielt bei Teenies eine große Rolle. Am liebsten bleiben sie bei den **Begegnungen in der virtuellen Welt.**

Maria und ihre Schwester haben es noch schlauer gemacht: Bei ihnen ist es gar nicht erst so weit gekommen, denn sie haben den „Figo" bereits auf Instagram ausspioniert und dann jeden weiteren Kontakt verweigert.

Das Netz als Ort, um sich zu finden und zu verbinden, ist wohl die größte Utopie der letzten zwanzig Jahre. Man trifft sich in der Virtualität und versteckt sich in der Realität. Die Generation Smombie hat Angst davor, eine Beziehung einzugehen, weil sie durch immer extremere Inhalte und Chats abgestumpft und zum Teil unfähig geworden ist, einfühlsam und angebracht zu kommunizieren. Empathie, die Erkennung und Vermittlung von Emotionen, kann nicht von einem Bildschirm gelernt werden. **Wer viel Zeit vor dem Bildschirm verbringt, ist auf dem besten Weg, seine Empathie und Menschlichkeit zu verlieren.** Täglich sehen wir neue Beispiele der Abstumpfung. Erschreckend war zum Beispiel der Bericht aus der Tageszeitung *BILD* mit den Aufzeichnungen einer Überwachungskamera: Ein Rentner bricht vor einem Bankautomaten zusammen und bleibt regungslos am Boden liegen. Nacheinander steigen vier Bankkunden achtlos über ihn, beheben Bargeld und gehen wieder. Erst der fünfte kümmert sich um den Verunglückten und alarmiert den

Rettungsdienst. Oft ist das Erste, was ein Notarzt sieht, wenn er am Einsatzort ankommt, eine Traube von Neugierigen, die herumsteht und sich kaum um den am Boden liegenden Verletzten kümmert und ihn in aller Seelenruhe mit dem Smartphone filmt, anstatt lebensrettende Erste Hilfe zu leisten.

Das Netz hat uns unserer Empathie beraubt und unser Sexualverhalten verändert. Wie neue Plattformen versuchen, diesem Phänomen entgegenzuwirken, erzählt uns die nächste Geschichte.

Der „Tinder Boy"

Claudio ist 32 Jahre alt, 1,85 Meter groß, hat grüne Augen und dunkles Haar. Er ist in Rio de Janeiro geboren und stammt aus einer wohlhabenden südamerikanischen Familie. Sein Vater war als Diplomat an vielen Orten der Welt tätig und hat sich dann mit seiner Familie in Südtirol niedergelassen. Claudio ist Einzelkind, er spricht akzentfrei fünf Sprachen, ist Immobilienmakler auf hohem Niveau und lebt seit vier Jahren in New York. Beruflich ist er sehr erfolgreich und er macht durch sein Auftreten den Eindruck eines Gewinnertyps. Besonders bei Frauen scheint er es leicht zu haben: Wo er auch auftaucht, erntet er bewundernde Blicke. Wenn er sein Lächeln aufsetzt, scheinen alle Frauenherzen dahinzuschmelzen.

Ein paar Mal im Jahr kommt Claudio nach Hause, dann treffen wir uns zusammen mit seinen alten Schulkollegen. Es sind immer lustige Abende, denn Claudio hat vieles zu erzählen. Häufig lachen wir über seine Beziehungsgeschichten, wir hören Erzählungen aus der großen Welt, die wir im kleinen Südtirol selten hören.

Claudio ist Experte bei der **Partnersuche im Internet.** Wir nennen ihn inzwischen den **„Tinder Boy",** denn seine Lieblingsplattform heißt Tinder:

Die App macht es möglich, zu anderen Nutzern in der Umgebung Kontakt aufzunehmen. Da sich die Daten hauptsächlich auf Fotos, Name und Alter beschränken und dadurch sehr oberflächlich sind, wird Tinder meist zur Suche nach reinen Sexpartnern und seltener für echte Liebesbeziehungen verwendet. Obwohl man mittlerweile immer öfter hört, dass sich ein Pärchen über diese App kennengelernt hat. So zumindest erklärt es uns Claudio.

Für ihn, der nur wenig Zeit hat, ist Tinder die Erfindung des Jahrtausends: „Es ist ein bisschen wie auf dem Markt", erzählt er. „Man postet sein Profilbild, ein paar Fotos und einen kurzen Lebenslauf, natürlich ein wenig bearbeitet, damit man Eindruck schinden kann! Dann stellt man sich zur Schau und wartet. Auf der anderen Seite studieren die weiblichen Nutzer deine Merkmale. Wenn sie ihnen zusagen, antworten sie und nach ein bisschen Chatten trifft man sich irgendwo zum Kaffee oder zum Abendessen. Es ist ganz einfach und funktioniert!" Claudio wird regelrecht von Anfragen überflutet. Viele lehnt er ab, weil ihm die Fotos, der Beruf oder der Lebenslauf der Bewerberinnen nicht gefallen. „Aber am Ende bleiben trotzdem so viele übrig, dass man die Qual der Wahl hat. Es ist wie in einem Harem und ich bin der Sultan! An manchen Abenden habe ich zwei bis drei Dates!"

Wir lachen viel, bis irgendwann die Frage nach einer festen Beziehung aufkommt. Da zeigt sich die Wahrheit, und mit ihr auch der Frust von Claudio. Zwar hat er dank Tinder zahlreiche „One-Night-Stands", „doch am Ende bleibt nichts Ernsthaftes übrig! So wie ich mit meinem Harems-Gedanken spiele, tun es auch die schönen Nutzerinnen am anderen Ende des Internets. Wahrscheinlich springen sie genauso schnell von einem Partner zum nächsten wie ich. **Es ist alles wie ein Kuhhandel.** Man verhandelt schnell und oberflächlich!", klagt Claudio. „Man hat keine Zeit

mehr, eine wahre Beziehung aufzubauen." **Tinder, ursprünglich gedacht zur Partnersuche, entlarvt sich immer mehr als reine Sexplattform.**

Vor dem Europa-League-Hinspiel zwischen Rapid Wien und Inter Mailand hat ein Profifußballer auf Tinder folgende Ankündigung gemacht: „Frauen von Mailand, ich bin für zwei Nächte in eurer Stadt! Wer Spaß mit mir haben will, soll sich beeilen!" Ähnliches kennt Claudio auch aus New York. Aber bei unserem letzten Treffen hat uns der vormalige „Tinder Boy" verraten, dass er sein Profil auf der Plattform gelöscht hat.

In die Schule, um zu verblöden?

Der Kulturminister von Baden-Württemberg annonciert das Event mit großem Stolz: Die Zukunft liege in der volldigitalisierten Schule. Vor den gespannten Pressevertretern überreicht er Tablets an zufriedene Schüler, die Schlange stehen und das wertvolle Geschenk wie einen großen Schatz entgegennehmen. Das Land schenkt den Schülern die digitalen Endgeräte. Dies stellt den Beginn einer neuen Zeit dar, in der Tablets an

Schulen in ganz Deutschland eingeführt werden sollen. Was den Minister auf diese Idee gebracht hat und von wem sie stammt, wissen wir nicht. Sicher ist nur eines: Der liebe Politiker hat sich vorher sicher nicht über die Risiken der Nutzung von digitalen Medien bei Jugendlichen informiert, sonst wäre er von seinem Vorhaben zurückgetreten.

Der Hirnforscher Manfred Spitzer erklärt, warum digitale Medien dem Schüler mehr schaden als nützen: Es gibt keine unabhängige und methodisch sauber durchgeführte Studie, die zeigt, dass Digitalgeräte das Lernen verbessern. Dem steht eine Vielzahl von Studien gegenüber, die beweisen, dass die Aufmerksamkeit abnimmt, sobald Computer im Unterricht eingesetzt werden. Spitzer zitiert in einem seiner zahlreichen Fernsehauftritte eine Studie, die an neunzig Schulen in England durchgeführt wurde und 130.000 Schüler miteinbezog. Es wurde ein **absolutes Handy-Verbot** eingeführt. Das Ergebnis: Die Leistungen der Schüler wurden plötzlich besser. Spitzer zieht daraus das Fazit: „Schenken Sie einem Schüler ein Smartphone, so schenken Sie ihm Schulprobleme."

Schule und Smartphone: Quo vadis?

Die Debatte geht jeden Tag weiter: Erlauben oder verbieten? Eltern, Erzieher und Lehrpersonal verlieren sich in endlosen Diskussionen, während die Schüler das Handy auf ihre Weise nutzen. Inzwischen ist das Smartphone aus dem Unterricht nicht mehr wegzudenken!

Es gab eine Zeit, da wurden unter der Schulbank Schiffe versenkt und Zettelchen hin- und hergereicht. Heute werden YouTube-Videos geschaut und WhatsApp-Nachrichten geschrieben, Fotos und Videos verschickt. Das Ganze meist im Nichtwissen der Lehrer. Das passiert von einem Schüler zum anderen, von einer Klasse zur anderen, von einer Schule zur anderen. Hausaufgaben und Prüfungspläne, die Planung der Freizeit und belanglose Nachrichten zirkulieren in der virtuellen Welt. Sicher ist, dass auch hier die „Digital Natives" das Sagen haben, denn Schuldirektion, Lehrer und Eltern vertreten keine einheitliche Meinung. Am Ende obliegt den einzelnen Lehrern die Entscheidung, was im Unterricht passieren darf. Die Hardliner unter den Lehrern verbieten es strikt und machen Schlagzeilen damit, wenn sie einem Schüler das Handy abnehmen oder es in einem Wutanfall aus dem Fenster werfen. Andere Lehrer fordern die Schüler auf, ihre Handys während des Unterrichts in eine Handy-Box zu legen. Ultramoderne Pädagogen vertreten das Hirngespinst einer flächendeckenden und freien WLAN-Verbindung auf dem gesamten Schulgelände und propagieren, wie in Baden-Württemberg im Unterricht Tablets anstatt Schulbücher zu verwenden.

Man sieht, es herrscht ein großes Durcheinander. Es ist an der Zeit, dass die Unterrichtsministerien der EU das Problem in die Hand nehmen und eine Regelung zum Handygebrauch an den europäischen Schulen erlassen. Bevor das geschieht, sollten sich die Politiker die unzähligen Studien zum Thema Digitalisierung im Bildungsbereich gut durchlesen. Sie würden endlich verstehen, dass es eine dringende Pflicht ist, die Schüler vor dem „Digitalismus" zu schützen. Weltweit haben einige Regierungen, wie jene in Südkorea, bereits zur Notbremse gegriffen und den Gebrauch der digitalen Geräte bei Jugendlichen generell eingeschränkt. In Südkorea besitzen **95 Prozent der Sechzehnjährigen ein Smartphone.**

Leben in der digitalen Gefangenschaft

Mittlerweile leben wir seit zwanzig Jahren in der digitalen Ära. Die Netze rund um uns werden im Laufe der Zeit immer enger gezogen. Wir Fische haben kaum noch Platz zum Schwimmen. Stumm und untertänig lassen wir das digitale Alltagsgeschehen über uns ergehen. Was wir dabei alles erleben und akzeptieren müssen, das lesen wir in den nächsten Kapiteln.

Online-Spielsucht: das Spielen bis zum Verspielen

Paul ist ein Patient, den ich seit seiner Kindheit kenne. Bei ihm hat es schon in frühen Jahren mit dem Fernsehen angefangen, dann kamen die Videospiele hinzu. Die ersten waren noch kindgerecht und es war lustig, mit seiner alleinerziehenden Mutter um den ersten Platz zu wetteifern. Als Paul heranwuchs, begann seine Mutter wieder mehr zu arbeiten und er war viel alleine zu Hause. Zum Glück kamen Spiele auf den Markt, die er alleine am Computer spielen konnte. Mit zehn oder elf bekam Paul die Spielekonsole SNES, an der er viel Zeit verbracht hat. „Das hat sich dann stetig gesteigert", erzählt Paul.

Mit 18 kaufte sich Paul die Spiele *Counter Strike* und *Warcraft III*. Als er begann, das Onlinespiel *World of Warcraft* zu spielen, änderte sich alles: „Ich konnte die Finger nicht mehr davon lassen. Es war wie eine Droge. Ich konnte mein Spielverhalten nicht mehr kontrollieren, habe jegliches Zeitgefühl verloren. Spielte ich einmal nicht, hatte ich sofort Entzugserscheinungen wie Nervosität, Unruhe und Schlafstörungen. Ich veränderte nach und nach mein Freizeitverhalten: Statt mich mit Freunden zu treffen oder Sport zu machen, saß ich immer mehr vor dem Computer. Die schulischen Leistungen ließen nach. Dramatisch wurde es, als ich mit zwanzig mit Online-Poker anfing", schildert er. „Ich war tagelang vor dem Bildschirm. Alles lief über meine Kreditkarte, ich habe schnell den Überblick über meine Ausgaben verloren. Ich spielte ohne Unterbrechung ganze Nächte hindurch und musste meinen Körper an die Spielzeit anpassen. Es kam zur Umstellung meines Lebensrhythmus. Ich verlor meine Arbeit und fing an, Schulden zu machen. Am Ende wurde ich krank."

Paul ist jetzt 41. Er ist Single und lebt immer noch bei seiner Mutter. Er ist Diabetiker und bezieht eine Mindestrente. Einmal im Monat kommt er zu mir in die Praxis, um seine Blutzuckerwerte kontrollieren zu lassen. Immer wieder klagt er: „Ich habe alles falsch gemacht. Das Spielen hat mich kaputtgemacht, aber ich träume immer noch davon!"

Spielsucht und Glücksspielsucht erreichen im Internet eine bislang nie dagewesene Dimension, so die Ärztin Prof. Dr. Sabine Grüsser-Sinopoli, ehemalige Leiterin der medizinischen Psychologie und Soziologie am Universitätsklinikum Mainz. Die ständige Verfügbarkeit der Spiele ohne nennenswerten Aufwand setzt die Hemmschwelle zum Spielen enorm herab. Daher ist die Gefahr der Abhängigkeit und der Sucht extrem hoch. Im Gehirn eines exzessiven Computerspielers laufen tatsächlich ähnliche Reaktionen ab wie bei Alkohol-, Nikotin- und Cannabissüchtigen. Während des Spielens führen positive Erlebnisse dazu, dass das Glückshormon Dopamin freigesetzt wird. Der Spieler empfindet Belohnung dafür, zu spielen, und muss immer öfter und länger spielen, um das Gefühl über längere Zeit aufrechtzuerhalten. Gleichzeitig stumpft das Gehirn für andere Reize ab, die ihm bisher Belohnung verschafft haben. So entsteht eine psychische Abhängigkeit, vor allem bei Menschen, die in ihrer mentalen Entwicklung noch nicht gefestigt sind. Für sie ist der Computer oft die einzige Möglichkeit, Emotionen zu fühlen. Spiele sind wie eine Droge, die schlechte Gefühle verdrängen und gute Gefühle hervorrufen sollen. Das Spiel hat seinen ursprünglichen Zweck – Aufgabenbewältigung, Kontrolle über einen Spielcharakter und das Eintauchen in eine Fantasiewelt – verloren und dient nur noch als Ausweg aus der schwierigen Realität, soll das Selbstwertgefühl des Spielers steigern und Stress bewältigen. Das alles findet in der virtuellen Welt statt. **In der Realität ist der Spieler hilflos verloren.**

Auch hier möchte ich wieder ein Beispiel aus dem Profisport nennen: Weil einige seiner Fußballspieler in der Nacht vor dem Meisterschaftsspiel bis drei Uhr nachts Computerspiele zockten, ließ der FC-Southampton-Trainer Ralph Hasenhüttl das WLAN im Teamhotel ausschalten. Der Trainer erklärte, er wolle seine Spieler vor süchtig machenden Videospielen schützen und verglich das Problem mit Drogensucht.

Schlaflos im Blaulicht

Für viele ist es zum Ritual geworden, abends mit dem Smartphone ins Bett zu gehen, noch ein paar E-Mails zu beantworten, zu chatten oder YouTube-Videos zu schauen. Die Folgen sind Schlafstörungen. Der blaue Anteil des Lichts unserer Bildschirme gaukelt unserem Gehirn vor, es wäre helllichter Tag und macht uns wach. Die geringere Ausschüttung des Schlafhormons Melatonin durch die Zirbeldrüse verlängert die Einschlafzeiten und führt zu Schlafmangel.

Dem wollen die Handyhersteller vorbeugen: Virtuelle Blaulichtfilter, wie die Funktion **„Night Shift"** von Apple, verleihen dem Handybildschirm einen Orangestich, der uns ein natürliches Müdewerden ermöglichen soll. Das hört sich gut an, funktioniert aber nur bedingt: Auch wenn wir müde sind, schreiben wir noch die eine E-Mail fertig oder schauen das eine YouTube-Video zu Ende. Ist das erledigt, sind wir gar nicht mehr müde und können nicht einschlafen. Digitale Endgeräte gehören mit ihren spannenden und fesselnden Inhalten absolut nicht ins Schlafzimmer, denn Tatsache ist: Abends ins Tablet, Laptop oder Handy gucken wühlt uns auf, lässt uns nicht einschlafen und macht uns zum Morgenmuffel.

Der Handel mit den „Likes"

„How many likes is my life worth?" – „Wie viele Likes ist mein Leben wert?". Das fragt sich die Band „The Chainsmokers" in ihrem Lied *Sick Boy*. Die jungen Musiker stellen sich diese wichtige Frage, da es auf Instagram nur so von selbst ernannten Influencern wimmelt. **Das Einzige, was da noch zählt, ist die Anzahl der Likes und Follower.** Sie sagen uns, wie viel eine Person wert ist. Es ist eine neue Art, die eigene Berühmtheit zu messen. Influencer betteln um Likes und es wird schon wieder geschwindelt! Kaum zu glauben, aber es ist mittlerweile gang und gäbe geworden, Likes und Follower zu kaufen. Diese Art der virtuellen Prostitution, wie es der Autor Andreas Hock in seinem lustigen Buch *Like mich am Arsch* bezeichnet, funktioniert ganz einfach: Es werden Tausende gefälschter Anmeldedaten auf eine spezifische Adresse gesteuert. Für ein paar hundert Euro kann man auf dem asiatischen Markt ohne Probleme 10.000 Likes kaufen.

Das passiert inzwischen auch in der Musikbranche: Spezialfirmen betreiben sogenannte **„Streaming Farms",** in denen tausende Smartphones gleichzeitig ein bestimmtes Lied streamen, damit es die Charts erobert. Das alles natürlich gegen Bezahlung – im Netz kauft man sich auch die Berühmtheit.

YouTube und die Radikalisierung

Schon lange hat YouTube das Fernsehen in Sachen Videokonsum eingeholt. Fernsehen ist nicht mehr die Lieblingsbeschäftigung der Menschheit, YouTube ist der neue Favorit. Die Zahlen sind gewaltig: Die Menschheit schaut jeden Tag mehr als eine Milliarde Stunden YouTube-Videos. Woran mag es liegen, dass wir nicht mehr in den großen Kasten schauen, der uns mit seinen hunderten Programmen unterhält?

Der Unterschied zum Fernsehen ist, dass wir bei YouTube jederzeit selbst aussuchen können, was wir sehen wollen – glauben wir jedenfalls. Denn Studien zeigen, dass wir nur zu einem kleinen Teil aussuchen, was wir anschauen. Den Rest erledigt der Algorithmus von Google und macht YouTube so zu einer auf uns maßgeschneiderten Plattform. Bereits wenn wir ein paar Videos anklicken, weiß YouTube, was uns interessiert und schlägt uns ähnliche Videos nach unserem Geschmack vor. So verbringen wir Stunden mit YouTube, was auch den Herren vom Silicon Valley gefällt, da wir gleichzeitig Werbung konsumieren. Zeit am Bildschirm bedeutet Zeit für Werbung und Werbung bringt Geld für die Unternehmen. **Je stärker sie den Nutzer an sein Gerät fesseln, umso mehr Geld verdienen sie.**

Aber wie gelingt ihnen das? Von Psychologieexperten aufgebaut, sind die Algorithmen so programmiert, dass das nächste Video, das uns vorgeschlagen wird, um eine Spur extremer ist als das vorangehende. Schaue ich mir Videos von Surfern auf Fuerteventura an, dauert es nicht lange, schon werden mir Videos von Surfern auf größeren Wellen vor Hawaii vorgeschlagen. Es folgen Videos von Riesenwellen vor Portugal, in denen eine Surferin fast ertrinkt und am Ende landet man bei Aufnahmen von Surfern, die mit Haien zu kämpfen haben. Sucht man Jogging-Videos, landet man rasch bei Videos von Marathonläufen. Und von Videos über George W. Bush driftet man schnell in Pseudodokumentationen über Verschwörungstheorien, die geheime Weltregierung und den Ku-Klux-Klan.

So funktioniert YouTube: Alles ist darauf ausgerichtet, dass der Kunde die Videos immer interessanter findet und hängen bleibt. Man spricht von der Herrschaft des „immer weiter, immer extremer". Der Mensch wird wieder einmal in seiner Psyche verführt, mit dem Resultat, dass er zu achtzig Prozent Videos guckt, die nicht er ausgesucht hat, sondern die von YouTube vorgeschlagen wurden. Was bedeutet das für die Weltbevölkerung?

Professor Manfred Spitzer spricht darüber in seinen Vorträgen: „Die Weltbevölkerung guckt jeden Tag 800 Millionen Stunden Videos, die radikaler sind als sie selbst. Wenn diese Videos 800 Millionen Stunden täglich über die Gehirne der Menschen laufen, dann nennt man das **Radikalisierung der Weltbevölkerung.** Die Leute möchten eine salzarme Kost und bekommen Hot Chili Pepper serviert!"

The New York Times nennt YouTube in seiner Ausgabe vom 10. März 2018 mit Berufung auf eine große Studie des *Wall Street Journals* den größten Radikalisierungsprozess, den die Menschheit je durchgemacht hat. 800 Millionen Stunden Radikalisierung pro Tag, das ist das Geschäftsmodell der Firmen Google und YouTube. Man verkauft unsere Zeit und radikalisiert unsere Seelen. Wundern brauchen wir uns dann nicht, wenn Populismus, Aggressivität und Gehässigkeit in der Welt zunehmen.

Mobbing und Psychoterror

Nicht alle nutzen den sozialen Grundgedanken und die vielen virtuellen Freundschaften, die uns verbinden sollten, auf positive Art. Es gibt nämlich Menschen, die im Internet eine Spielwiese sehen, auf der man ohne Konsequenzen andere beschimpfen und demütigen kann. Dieses Phänomen nennt sich **„Cybermobbing",** Mobbing im Netz. Hauptakteure und Opfer sind in den meisten Fällen Minderjährige. Laut Statistiken der Postpolizei ist in Italien **jeder zehnte Jugendliche Opfer von Cybermobbing.**

Die häufigsten Arten von Cybermobbing sind beleidigende Nachrichten, das Weiterleiten von vertraulichen Informationen an Dritte und das Verschicken von Nachrichten unter falschem Namen. Welche Reichweite Aussagen im Internet haben, ist vielen nicht klar. Die Täter fühlen sich von der Anonymität des Netzes beschützt, aber sie sollten wissen, dass Cybermobber in immer mehr Fällen von der Polizei identifiziert werden. Die Folgen reichen von einer saftigen Strafzahlung bis hin zu drei Jahren Gefängnis.

Die Opfer wissen oft nicht, wie sie sich verhalten sollen. Das Beste wäre, nicht zu reagieren, denn meist genügt das, um den Täter abzuwimmeln. Im Falle von ständigen Drohungen und Belästigungen sollte man sich ohne Zögern an die Polizei wenden. Die Polizei wird immer besser darin, den Cybermobbern auf die Schliche zu kommen, und es gibt „YouPol", eine App, mit der man weltweit Mobbing anonym der Polizei melden kann. Dadurch soll der Dialog zwischen den Jugendlichen und der Polizei gefördert werden, ohne als Petzerei zu gelten.

Totaler Wahnsinn im Netz: die Gefahr der vielen „Challenges"

Im Netz toben sich alle aus – auch die Wahnsinnigen. Die amerikanische Elternvereinigung „Parents Television Council" forderte die Streamingplattform Netflix öffentlich dazu auf, den Film *Bird Box* aus dem Internet zu entfernen. Was war passiert? Der Film mit Sandra Bullock erzählt die fiktive Geschichte, in der sich Menschen mithilfe einer Augenbinde vor Dämonen schützen, die ihre Opfer durch Blickkontakt in den Wahnsinn treiben. Die einzige Rettung ist, sich die Augen zu verbinden. Das ist ja an sich nichts Schlimmes. Das Netz aber reagierte folgendermaßen auf den Film: Einige Verrückte absolvieren im Internet Wetten, so genannte **„Challenges",** bei denen sie sich filmen, wie sie mit verbundenen Augen durch die Gegend gehen, mit dem Auto fahren oder über die Straße laufen. Die fragwürdige Mutprobe wird dann online veröffentlicht. Netflix kommentierte die fragwürdige Hysterie mit einem Tweet: „Bitte verletzt euch nicht!"

Die „Bird Box Challenge" ist nicht das erste Internetphänomen dieser Art, der Wahnsinn kursiert schon länger im Netz: Bei der „Tide Pod Challenge" gilt es, vor laufender Kamera Waschmittelkapseln zu zerbeißen

oder gar herunterzuschlucken. Etliche Teilnehmer mussten bereits ins Krankenhaus eingeliefert werden. Die „Cinnamon Challenge" macht es zur Herausforderung, einen gehäuften Esslöffel Zimtpulver zu schlucken. Häufig gelangt das Pulver in die Atemwege, wodurch Erstickungsgefahr besteht. Bei der „Kiki Challenge" geht es darum, aus seinem fahrenden Auto auszusteigen, daneben herzulaufen und zum Lied „In My Feelings" von Drake zu performen. Manchen Teilnehmern gelingt es nicht, wieder rechtzeitig einzusteigen, sie bauen Unfälle oder geraten selbst unter die Räder. Bei der „Condom Snorting Challenge" schiebt man sich Kondome in die Nase und schluckt sie, bis sie wieder im Mund herauskommen.

Blödheit und Jugendscherze hat es immer schon gegeben. Seit der digitalen Revolution werden diese „Heldentaten" in die Welt hinausposaunt und häufig von Jugendlichen imitiert, die das Ganze als cool und nachahmenswert empfinden. **Wie hilflos und verloren unsere Kinder vor solchen Botschaften dastehen, bekommen wir Erwachsenen nur selten mit.**

Das Blutbad im Streaming

15. März 2019, Christchurch, Neuseeland: Ein Mann in Schutzkleidung lädt sein Maschinengewehr und steckt ein Magazin Patronen ein. Er macht noch schnell ein Selfie und setzt dann einen Helm mit Filmkamera auf. „Jetzt gehe ich und ihr seid meine Zuschauer!", verkündet er. Dann eilt er mit entschlossenem Schritt zu zwei Moscheen und begeht seine Schreckenstat: Er erschießt fünfzig unschuldige Menschen, das ganze Gemetzel wird live über Facebook in die Welt gesendet. 17 lange Minuten dauert der Terror, bis der Täter endlich überwältigt werden kann. Seine letzten Worte lauten, er sei stolz, der Menschheit seine Tat gezeigt zu haben.

Was kann das Netz Schlimmeres bieten, als dass es Menschen in ihrem Wahnsinn unterstützt und ihnen erlaubt, eine Bühne mit drei Milliarden Zuschauern zu nutzen, um Horrortaten in der Welt zu verbreiten? Über eine Viertelstunde hat die Aufnahme gedauert, in der schreiende Menschen wie in einem Videospiel, einer nach dem anderen, in einem Blutbad niedergeschossen wurden. Erst nach 25 Minuten wurde bei den Plattformen Alarm geschlagen, jedoch vorerst ohne Erfolg. Der Horrorfilm blieb online und wurde erst nach drei Stunden aus dem Netz entfernt. Zu spät, denn einige Tausend Nutzer hatten das Video bereits heruntergeladen. **Der Horror und unsere Angst bleiben im „freien Netz" für immer abrufbar.**

„Cleaners": die Müllmenschen im Netz

Im Netz zirkuliert immer mehr schädliches Material. Damit ist all das gemeint, was wie das Massaker von Christchurch unserer Seele Schaden zufügt. Google, YouTube, Facebook, Instagram, Twitter und andere Plattformen zeigen bei weitem nicht nur Positives. Es handelt sich oft um brutale, schändliche, pornografische, menschenverachtende Inhalte, die von den meisten Usern niemals gesehen werden, da sie nur für kurze Zeit abrufbar sind, ehe sie gelöscht werden. Diese erschütternden Szenen stammen von den selbst ernannten Internetregisseuren, die das „freie Netz" nutzen um ihre perversen Fantasien zu verbreiten. Die Freiheit und die Anonymität des World Wide Web erlaubt es ihnen.

Seit einiger Zeit jedoch steigt der Druck auf die digitalen Riesen, Filtersysteme einzubauen, um schädigende Inhalte aus dem Netz zu nehmen. Das funktioniert noch schleppend, so wie wir es im Fall von Christchurch gesehen haben. **Die Verantwortlichen aus Silicon Valley zeigen wenig Lust, an der Sauberkeit des Netzes zu arbeiten.** Goethe würde aus seinem *Zauberlehrling* dazu vielleicht sagen: „Die Geister, die ich rief, die werde ich nicht mehr los."

Ein Filtersystem und eine Zensur würden nebenbei sicherlich auch das Interesse am Internet schwächen, denn bekanntlich ziehen schlechte und negative Nachrichten mehr Aufmerksamkeit auf sich als gute und harmlose Berichte. Erinnern Sie sich noch an den Herrn, der „Don't be evil" gesagt hat? Es sind nur acht Jahre vergangen seit der berühmten Rede von Steve Jobs. **Inzwischen sind dem Netz Moral und Ethik fremd.**

Der Film *The Cleaners* [„Die Säuberer"] handelt von den lächerlichen Versuchen von Facebook, YouTube und anderen Internetkonzernen, die schlimmsten Inhalte aus dem Netz zu entfernen. Dabei stellen sie

„Content-Moderatoren", also Inhaltsprüfer, an. Deren Aufgabe ist es, täglich Unmengen von Texten, Videos und Bilder zu kontrollieren, auszuwerten und wenn nötig zu löschen oder die dazugehörigen Nutzer zu sperren. Doch dieser Film ist keine Fiktion.

Viele, meist junge Menschen, die in Armut leben und keine besseren Verdienstmöglichkeiten haben, sind durch diese Arbeit psychologisch extrem traumatischen Erlebnissen ausgesetzt. Sie müssen in kürzester Zeit entscheiden, was bleibt und was aus dem Netz genommen werden muss. Ein Großteil dieser „Cleaner", rund 150.000 Menschen, arbeitet in Manila auf den Philippinen, wo für einen Tageslohn von drei US-Dollar durchschnittlich 25.000 Beiträge gesichtet werden müssen. Eine furchtbare Arbeit, an der viele dieser Content-Moderatoren zugrunde gehen. **Eine weitere traurige Geschichte aus dem Alltag des digitalen Chaos.**

Broker Burn-out: Wie viel Bildschirm verträgt der Mensch?

Stefan ist ein Freund von mir. Er ist 35 Jahre alt und arbeitet als Broker in Frankfurt. Kunden vertrauen ihm ihr Geld an, damit er es optimal und gewinnbringend investiert. Stefan wird von Banken umworben, denn er hat Erfahrung, ist erfolgreich und verlässlich in seinem Job. Er verdient viel Geld bei seiner Arbeit und weiß dies zu schätzen. Doch er weiß auch, was dieser Job von ihm abverlangt.

Täglich von 8.30 bis 21 Uhr ist er im Büro, manchmal auch bis Mitternacht. Die Mittagspause verbringt er meistens mit einer Tasse Kaffee und einem belegten Brot vor dem Bildschirm. Wenn das Wetter es erlaubt, gönnt er sich fünf Minuten an der frischen Luft auf der Dachterrasse der Bank.

Stefan macht diesen Job seit vier Jahren. Er sitzt durchschnittlich zehn Stunden am Tag vor sechs Bildschirmen an seinem Schreibtisch und blickt in ein Meer von Zahlen, die an ihm vorbeiziehen. Daraus muss er die ausschlaggebenden Nachrichten für seine Finanzgeschäfte herausfischen. Es ist wie eine Fließbandarbeit an einer Produktionskette, mit dem kleinen Unterschied, dass er ständig voll konzentriert sein muss, um in kürzester Zeit wichtige Entscheidungen zu treffen. In der Finanzwelt zählt die Schnelligkeit der Augen und der Finger. Man muss so schnell wie möglich erkennen, bei welchen Papieren es aufwärts und bei welchen es abwärts geht, und sofort kaufen oder verkaufen. Wenn Stefan auch nur für eine Sekunde den Überblick verliert, kann dies einen Millionenverlust bedeuten. Seitdem es das Internet gibt, passieren alle Transaktionen in Echtzeit, daher ist jeder Broker rund um die Uhr vernetzt. Es fängt in der Früh mit dem Smartphone an, geht unter Tags am Computer weiter und endet am späten Abend mit den E-Mails, Chats und Finanz-Apps auf dem Tablet.

Finanzleute sind auf **„Constant Alert",** immer in Alarmbereitschaft, und dadurch eine der am meisten vom Stress der digitalen Zeit betroffenen Berufsgruppe. Diese durch ihren Beruf zwangsläufigen Smombies sind dem Netz hilflos ausgeliefert. „Bildschirm über alles" ist in ihrer Welt die Devise, es gibt keine Alternative! Das macht Broker zu totalen Opfern, denn wie inzwischen in der Finanzwelt bekannt ist, halten Körper und Geist dem Beruf nur kurze Zeit stand. **Am Ende wartet das Burn-out,** das „Ausgebranntsein".

Das hohe Gehalt ist der einzige Trost dieser Netz- und Bildschirm-gefangenen. Stefan, der seit vier Jahren diesen Job hat, weiß genau, wie es um ihn steht. Er weiß, dass er bei diesem Spiel nicht mehr lange mitmachen kann. Er kennt die Gesetze der Welt der Broker: „Du kannst der stärkste, der am besten ausgebildete, der intelligenteste Mensch der Welt sein – in der Finanzwelt ist deine Zeit begrenzt. Dann macht es auch bei dir einen Knall und du bist raus!" Stefan hat das selbst erlebt, er hat seine Kollegen einen nach dem anderen umfallen gesehen: Unter ständigem Druck, immer gereizter, immer nervöser, immer geladener und erschöpfter, bis sie von einem Tag auf den anderen nicht mehr bei der Arbeit erscheinen, weil sie in irgendeiner Klinik gelandet sind oder Antidepressiva schluckend sämtliche E-Mail-Adressen gelöscht haben und klammheimlich mit dem Surfbrett unterm Arm irgendwo an der Westküste Australiens untergetaucht sind!

Der Broker ist das lebende Beispiel dafür, wie weit der Mensch mit seinen etwa achtzig Kilo, 180 Zentimetern Größe und 1300 Gramm Hirn den modernen Medien standhalten kann. Wie gestresst und geladen müssen wir sein, um einen totalen Kurzschluss in unseren mentalen und psychischen Leitungen heraufzubeschwören? Jobagenturen, Arbeitsexperten und Psychologen kennen das Problem. Sie sind die ersten, die sich bei einem Vorstellungsgespräch darüber informieren, wie beim Arbeitssuchenden die familiäre Situation aussieht, ob er eine stabile Beziehung hat, regelmäßig Sport betreibt und Hobbys nachgeht. Denn wenn dort nicht alles klappt, dann hat ein Mensch in der Finanzwelt keine Chance. **Um dem digitalen Wahnsinn standzuhalten, braucht es emotionale Stabilität, Muskeln und Nerven wie Stahl.**

Stefan weiß das genau! Bei ihm dauert es noch maximal fünf Monate, dann ist er ohne Handy und Computer an den Stränden von Australien.

Frau Hypochonder und Doktor Google

„Herr Doktor, könnte es Leukämie sein?" Zitternd und völlig aufgelöst sitzt sie vor mir in der Praxis und hält mir ihr letztes Blutbild hin. Viele Ziffern und ein paar Sternchen sind darauf zu sehen. Sie deutet mit dem Zeigefinger auf eine Zahl, die sie gelb unterstrichen hat. „Da, die weißen Blutkörperchen sind über 10.000 angestiegen, ich habe gegoogelt und gelesen, dass Leukämie so anfängt. Ist das nicht furchtbar?" Ich seufze, denn ich kenne das seit Jahren.

Früher war es das Pschyrembel-Gesundheitslexikon, das von den Patienten durchforstet wurde, wenn sie Angst vor einer Krankheit hatten oder ihre Symptome sie verunsicherten. Heute ist das Internet mit **„Doktor Google"** die erste Anlaufstelle, wenn es um einen Krankheitsverdacht geht. Denn die Angst, krank zu sein, ist die häufigste und größte unseres Zeitalters. Die übertrieben vielen Informationen über Gesundheit und Krankheit und der verloren gegangene Glaube an etwas Überirdisches hat unser irdisches Leben zum Schwerpunkt unserer Existenz gemacht. Wir klammern uns an das Leben und verdrängen jeden Gedanken an den Tod. Die Angst vor dem Lebensende verlangt nach ständigen Erklärungen über die ersten Anzeichen und Symptome von möglichen Krankheiten. Das macht Patienten zu **Medizin-Smombies,** die über Stichwörter und Symptombeschreibungen im Netz versuchen, Antworten auf ihre körperlichen Beschwerden zu finden.

Als nächster Schritt wird dann zum Arzt gegangen, um ihn mit den Informationen und Fragen zu bombardieren, die Doktor Google aufgeworfen hat. Das macht uns Ärzten unglaublich zu schaffen: Wir müssen die Patienten zuerst beruhigen und sie anschließend davon überzeugen, dass ihr Krankheitsbild nicht mit der gegoogelten Krankheit übereinstimmt. **Die Diagnose von Doktor Google war falsch.** Internetrecherchen sind nur dann erfolgreich, wenn man vorher schon genau weiß, wonach man sucht und man die Materie kennt. Wenn ein Arzt im Internet zusätzliche Informationen und wissenschaftliche Berichte über eine Krankheit googelt, so kann er aufgrund seines Wissens die Symptome einstufen. Bei Frau Hypochonder hingegen führt dies eher zu Verwirrung und Angst. Doktor Google verunsichert Leute und macht sie durch falsche Informationen krank – im Kopf. Darüber hinaus kosten unnütze Laboruntersuchungen und Arztbesuche das Gesundheitssystem viel Geld.

Algorithmen und Suchmaschinen: die neue Intelligenz

Ich selbst benutze das Internet des Öfteren, weil ich es für meine Arbeit brauche. Ich informiere mich über wissenschaftliche Studien und sonstige Neuheiten in der Medizin, ich suche nach Medikamenten und halte mich über verschiedene Therapievorschläge auf dem neuesten Stand. Dabei besuche ich wissenschaftliche Plattformen, verwende manchmal Google und YouTube. Ich finde es fantastisch, gratis auf eine riesige Enzyklopädie zugreifen zu können. Google macht das möglich, der **Riese der Suchmaschinen.** Rund um die Welt haben Menschen die Möglichkeit, sich kostenlos Informationen, Wissen und Bildung einzuholen. Dies passiert durch eine scheinbar neutrale Informationsquelle, wie Google sich selbst bezeichnet.

So war es zumindest am Anfang. Am 4. Dezember 2009 aber wurde alles anders. Es ging wieder einmal um viel Geld. Man hatte neue Programme entwickelt, um Werbung im Netz noch gezielter zu gestalten. Möglich wurde es durch sekundenschnelle Filterprogramme, sogenannte Algorithmen. Google war der Vorreiter in diesem Gebiet. Der Konzern gab an jenem Tag bekannt, dass Google von nun an auf jeden Nutzer persönlich zugeschnitten sei. Das bedeutet, dass der digitale Riese alle Daten seiner User durch intelligente Programme schleust und, anhand des Onlineverhaltens, ein individuelles Profil jedes Besuchers erstellt. Auf Grundlage dessen erhält jeder Internetnutzer individuell auf ihn maßgeschneiderte Werbung, bei einer Suche im Netz erhält er die Ergebnisse, die am besten zu seinem bisherigen Verhalten passen.

Von einem Tag auf den anderen gab es also nicht mehr die gleiche Information für jeden, die gleiche Wahrheit auf ein und dieselbe Anfrage.

Nein, es gab die Informationen und Wahrheiten, die ein Filter der Suchmaschine laut unserem Internetverhalten für uns ausgesucht hat. Die einheitliche Information im Netz fiel der Geldgier der Netzkonzerne zum Opfer. **Der Algorithmus macht es möglich:** Jeder bekommt im Netz die auf ihn zugeschnittenen Informationen und wird dadurch in eine Blase des Wohlbefindens versetzt, die mehr einem Käfig gleicht. Was laut Algorithmus gefällt, wird gezeigt, was laut Filtermaschine uninteressant ist, ausgefiltert. Meinungen, politische Tendenzen, Musik und Kleidungsstücke, die nicht zu uns passen könnten, bekommen wir einfach nicht mehr zu sehen.

Die Blase der Isolation

Das führt so weit, dass wir mit der Zeit immer die gleichen Quellen, Kanäle und Meinungen vorgeschlagen bekommen. Der User wird mit dem gefüttert, von dem man weiß, dass es ihm schmeckt. Das Internet wird somit von einer Plattform der freien Informationsbeschaffung, der Anstellung von Vergleichen, der Gewährung eines freien Einblicks in das Weltgeschehen, zu einem monotonen Spiegel, in dem sich am Ende der Einzelne in seinem Selbstbildnis bewundert.

Dies ist eine **Revolution in der Informationsstrategie,** die nach kurzer Zeit auch von anderen Plattformen wie Apple, Microsoft, Amazon, Facebook und Twitter übernommen wurde. Jeder, der eine Internetseite öffnet, erhält eine andere und auf ihn zugeschnittene Version. Wir surfen nicht im freien Netz, wir surfen in einer Wunschwelt. Instagram zeigt mir Bilder, die ich schön finde, Facebook kennt die Freunde meiner Freunde, die auch meine Freunde sein könnten, und YouTube hat sich gemerkt, welche Videos mir gefallen. Unsere Persönlichkeit, unser menschliches Dasein ist mithilfe des Algorithmus gründlich durchstudiert worden. Wir haben es wieder einmal auf uns niedergehen lassen, ohne mit der Wimper zu zucken. Dass es nur ein Geschäft für Google und seine digitalen Mitstreiter war, hat keiner gemerkt. Zuerst ausspioniert, dann in eine Blase gesetzt und am Ende an die Werbung verkauft. Die einseitige Information macht es am Ende noch schlimmer, denn dadurch entgeht uns die Möglichkeit, uns über unser Persönlichkeitsprofil hinaus zu öffnen. Einmal mehr bleiben wir isoliert, gefangen in einer Scheinwelt. **Ein weiterer Schritt in Richtung Einsamkeit im Netz.**

Privacy, der verlorene Kampf?

Es gibt wohl kaum jemanden, der nicht über allgemeine Stressbelastung klagt. Es fängt in der Früh mit den Aufgaben im Haushalt an und geht am Arbeitsplatz weiter. Dort muss alles acht Stunden am Tag schnell und reibungslos über die Bühne gehen. Dann ist endlich Feierabend. Für viele endet die Belastung aber nicht am Firmentor, sie sind auch danach und sogar am Wochenende und im Urlaub unter Druck. Was uns immer mehr fehlt, ist die Ruhe. Die Ruhe vor der Außenwelt, den vielen Menschen, denen wir in der Öffentlichkeit begegnen, den vielen Signalen, den Ampeln, der Werbung, den Benachrichtigungen und Nachrichten. Was uns am Ende des Tages noch rettet, das sind unsere eigenen vier Wände, die Wohnung, unser Haus, das immer mehr zu einem Schlupfwinkel wird. Wir schließen die Tür und ziehen die Vorhänge zu, atmen tief durch und lassen uns auf das Sofa fallen. Endlich haben wir unsere Privatsphäre. Dort hört, sieht und kennt uns keiner. Dort sind wir nur mit uns selbst. Was wir dort tun, ist „privat", das heißt, es gehört nur uns und nur wir wissen darüber Bescheid.

In der westlichen Welt gilt die Freiheits- und Privatsphäre als Menschenrecht und wird gesetzlich geschützt. Wenn eine fremde Person Ihren Garten betritt und durch Ihr Fenster Ihre Wohnung begutachtet, ist das eine Verletzung der Privatsphäre. So ist es auch, wenn jemand Sie belauscht, Sie ausspioniert, sich in Ihr Leben einmischt, ohne dass Sie es wissen. Ein anerzogener Respekt vor der Privatsphäre hat das gesellschaftliche Leben in den letzten 150 Jahren grundlegend geprägt.

Seit der Entwicklung des Internets ist aber alles anders geworden. Die Vernetzung und die drahtlose digitale Technik haben sich wie Parasiten in unsere Häuser hineingeschlängelt. Sie bringen uns die ganze Welt ins Haus, gleichzeitig senden sie unser Leben in die Welt hinaus. Ob es uns passt oder nicht. Unsere Häuser sind nicht mehr privat, die Mauern beschützen uns nicht mehr. Durch das Internet haben wir die Vorstellung vom Raum verloren, der einst das Feld für unsere Privatsphäre markierte, in dem wir machen konnten, was wir wollten, ohne dabei gesehen zu werden. Diese Freiheit gibt es nicht mehr. Heute gilt: **Wenn Sie online sind, sind Sie öffentlich.** Sieben Milliarden Menschen können Sie anglotzen. Sie werden jetzt lachen und sagen, ich übertreibe. Doch wenn Sie sehen, wie die Situation in anderen Teilen der Welt aussieht, wird Ihnen das Lachen vergehen.

Albtraum China

Überall auf der Welt gibt es sie: die Schnorrer, die Schmarotzer, die immer um einen Kredit betteln und ihre Schulden nie zurückzahlen, die Reinleger, die, wenn es um Geld geht, nie glaubwürdig sind. In China haben diese Schwindler kein leichtes Leben mehr. Die chinesische Staatsagentur hat nämlich eine App veröffentlicht, die es jedem Bürger und Geschäftsmann

erlaubt, einen Schnorrer in einer Umgebung von 500 Metern zu erkennen. Es funktioniert ganz einfach: Man sieht auf dem Smartphone die Straßenkarte seiner näheren Umgebung. Ausgehend von sich selbst im Zentrum, sieht man über Symbole alle Menschen, die von der Staatsbehörde schon einmal wegen Betrug identifiziert worden sind. Tippt man auf ein Symbol, verrät einem die App Name und Identitätsdaten des Schwindlers. So kann man sich auf den Verdächtigen gefasst machen und sich vor ihm schützen. Man hat auch die Option, seine Anwesenheit den Behörden zu melden. Die Staatsagentur hat die App bei der Präsentation in höchsten Tönen gelobt, mit der Begründung, sie würde in der Bevölkerung eine neue Moral verbreiten und es den Schwindlern schwer machen.

Dieses und andere ähnliche Pilotprojekte laufen in allen chinesischen Großstädten. Dort hat man seit Jahren die „Big Data" der Einwohner, die Unmengen an Daten, die bei der Internetnutzung eines Users anfallen, gesammelt und ausgewertet. In einem Land, in dem jeder ab einem Alter von 16 Jahren eine elektronische Identitätskarte mitführen muss, Smartphones zur Bezahlung auch kleiner Beträge benützt werden und es inzwischen mehr als 200 Millionen Überwachungskameras gibt, ist es ein Leichtes, Daten zu kombinieren und jemanden zu identifizieren.

China ist längst einer der Motoren der Weltwirtschaft und marschiert selbstbewusst in die Welt der offenen Konkurrenz im Westen. Mit mehr als 770 Millionen Nutzern hat China die größte Internetgemeinde weltweit. Peking setzt auf Big Data und künstliche Intelligenz wie keine zweite Regierung, wenngleich auf ihre eigene Art: Twitter, Facebook und Instagram sind verboten. „Sina Weibo" heißt die chinesische Twitter-Version, die von der Staatspartei überwacht wird. Das Gleiche passiert mit den anderen großen Plattformen wie „Alibaba", „Baidu" und „Tencent". **China will zum perfekten Überwachungsstaat werden.** Das Ziel ist die Kontrolle der Partei über alles und jeden.

Die Materie ist endlos, unheimlich und erschreckend. Die Internetfirma Yitu Technology aus Shanghai hat groß annonciert, mit ihrem Algorithmen-System der Gesichtserkennung in weniger als einer Sekunde eines aus 10 Millionen registrierten Gesichtern identifizieren zu können. Die Polizei der Provinz Henan trägt Brillen mit Mini-Kameras und einen tragbaren Monitor, die es erlauben, unter 10.000 Zuschauern in einem

Stadion einen Verdächtigen mittels Gesichtserkennung zu identifizieren. Berechnungszeit: eine Zehntelsekunde! Die Stadtpolizei von Shanghai hat in den Ampeln ihrer berühmten Bundpromenade Kameras installiert, um Fußgänger zu filmen. Die Bilder derjenigen, die bei Rot überqueren, bleiben auf öffentlichen Bildschirmen für jeden sichtbar, bis sie ihre Strafe bezahlt haben. Ähnliches passiert, wenn man die Straßenbahn betritt: Man wird beim Zahlen fotografiert und identifiziert. Die Fotos der Schwindler werden gespeichert, beim nächsten Betreten werden sie zur Rechenschaft gezogen.

Die Regierung in Peking scheint sich vor dem World Wide Web nicht zu fürchten, im Gegenteil. Sie spricht von der **„Zähmung des Netzes",** baut ihre Infrastrukturen aus und zeigt uns, was heute machbar ist: ein eigenes, vom Rest der Welt abgeschottetes Internet, das von Zensur bestimmt ist – oder besser gesagt ein isoliertes Intranet, das sich gut für Gedankenkontrolle und Manipulation eignet.

Was für ein Bild der Privacy bekommen wir von China vermittelt, wo die Rechte der Nutzer mit Füßen getreten werden? Wir als Europäer würden so etwas nie akzeptieren! Doch das ist nur die halbe Wahrheit, liebe Leser, denn bevor wir die chinesischen Herrscher kritisieren und die Bevölkerung bemitleiden, sollten wir vor unserer eigenen Haustür kehren und einen Blick in unsere Privatsphäre werfen. Wie weit hat sich der Schatten des digitalen „Big Brother" auch auf unser Leben ausgedehnt?

Wie wir kontrolliert werden

Auch wir werden rund um die Uhr kontrolliert. Wenn Sie meinen, ich übertreibe, dann erkläre ich Ihnen ein paar von den technischen Möglichkeiten, mit denen Sie sich zum gläsernen Menschen machen.

Viele Apps müssen, um überhaupt zu funktionieren, genau wissen wo wir uns gerade befinden. Auch wenn wir die Ortungsdienste deaktivieren, ist der ungefähre Standort Ihres Smartphones bekannt, je nachdem, mit welcher Mobilfunkantenne es verbunden ist. Darüber hinaus sind unsere Suchmaschinen geschwätzige Tools und geben allerlei Informationen über unsere Neigungen und Interessen preis, dazu kommen Cookies und Werbedaten, die unser Netzverhalten sehr genau dokumentieren.

Genügt das, um Sie wachzurütteln? Wenn nicht, dann kommt jetzt das i-Tüpfelchen! **Denn die wahren Privacy-Piraten sind nicht die Hacker oder die Herren von Silicon Valley.**

Vernetzung über alles

Die wahren Schuldigen sind wir selbst. Nicht nur, weil wir im Internet surfend überall und bis in alle Ewigkeit unsere Spuren hinterlassen.

Zuckerberg hat wie Gott über die Welt gesprochen, Facebook als das neue Wunder angepriesen, im Glauben daran, Gutes zu tun, die Welt zusammenzubringen und dadurch das Leben aller Menschen zu vereinfachen. Von ihm stammt die Schnapsidee der weltweiten Vernetzung, der Drohnen, die rund um die Uhr sogar über das arme, unterentwickelte Afrika fliegen und Pakete ausliefern sollen, damit die in entlegenen Gebieten lebenden Menschen, die meist kein Wasser und keinen Strom, kein Dach überm Kopf und nichts zum Essen haben, als Zeitvertreib mit dem Smartphone im Internet herumsurfen können!

Vernetzung über alles, als Lösung für die Weltprobleme, als Wegweiser für das Wirtschaftswachstum. Wir vernetzen Schulen, Banken, Universitäten, Unternehmen, Polizeistellen, Finanzämter und Gerichte. Was für ein Irrglaube! Die Devise lautet: „So spart man Zeit und Geld!" Was daran wahr ist, sollte man sich genauer ansehen.

Es gibt sicherlich eine Menge positiver Aspekte dafür, dass Informationen allen zugänglich sind. **Die Balance zu finden ist aber nicht einfach.** Das Internet hat unser Heim zu einem überwachten Zuhause werden lassen. In diesem Zuhause, das wir als unseres vermutet haben, führen sich Regierungen, die öffentliche Verwaltung, Unternehmen und Geheimdienste so auf, als wäre es ihr eigenes Domizil, in dem sie ohne Zustimmung nach Belieben ein- und ausgehen können.

Als Arzt erlebe ich zurzeit in Südtirol die heftigen Diskussionen über die Vernetzung der Praxen der Allgemeinmediziner. Viele meiner Kollegen wehren sich gegen dieses Vorhaben, Italien hat schon vor zehn Jahren ein Gesetz erlassen, das vorsah, dass der Hausarzt die Patientenakte mit all ihren Daten der öffentlichen Verwaltung bereitstellen muss – nur so sei eine Koordination des Gesundheitssystems möglich. Dass dadurch jedoch hochsensible persönliche Daten ins Netz gelangen, war wohl den italienischen Politikern nicht klar. Die Tatsache, dass der Hausarzt eine Vertrauensperson ist, der man alles erzählt, von der Depression bis zur Impotenz, von der Harninkontinenz bis zur Panikattacke, vom Selbstmordversuch bis zum Alkoholproblem, ist für die Politiker kein Argument. Wohl nur, solange es sie nicht selbst betrifft.

Mit dem Vorwand, dass in dringenden Fällen jeder Notarzt die ganze Krankengeschichte des Patienten auf schnellstem Weg bekommen soll, wird der **letzte Winkel unserer Privatsphäre erschlossen** und die letzten Geheimnisse unserer Seele werden freigegeben. Dass auch Personen abseits des Gesundheitspersonals Appetit auf die Patientendaten haben, leuchtet vielleicht nur wenigen ein: Versicherungen, Banken, Pharmakonzerne, private Gesundheitsstrukturen, Rechtsanwälte, Detekteien, Familienangehörige und Hacker. Gesunde haben nicht viel zu verlieren, aber die Unglücklichen, die eine ernsthafte Pathologie aufweisen, riskieren viel. Was sollen wir zu den plötzlichen Kündigungen von Kranken- und Lebensversicherungen sagen, oder zur Ablehnung einer Bewerbung bzw. Kündigung einer Arbeitsstelle? Gewisse Krankheitsbilder sind besonders heikel: Erbkrankheiten, chronische Krankheiten wie Diabetes oder Rheuma, psychische Probleme, neurologische Krankheiten und schließlich Süchte. **Ein Schreckensszenario, sollten diese Daten in falsche Hände geraten.**

Der staatliche Gesundheitsbetrieb argumentiert, dass der Patient der Weitergabe seiner Gesundheitsdaten mit einem schriftlichen Konsens zustimmen muss und er erzählt den Ärzten und Patienten das ewige Märchen, dass die Daten in einer speziellen Wolke geschützt sind. In einer „Cloud", zu der nur „wenige" den Zugang haben.

Die „wenigen", die Zugang haben

Deutschland, Jänner 2019: Die Zeitungen titeln: **„Hackerangriff auf die Prominenz!"** Die Daten von mehr als tausend Spitzenpolitikern und Prominenten wurden gestohlen, darunter Bundeskanzlerin Angela Merkel und Bundespräsident Frank-Walter Steinmeier. E-Mails, Telefonnummern,

Kreditkartennummern, parteiinterne Infos und persönliche Chats sind im Internet, für alle lesbar, veröffentlicht worden. Keine besondere Nachricht für die Bürger, das haben wir doch alles schon einmal gehört. Von der russischen Hacker-Mafia bis zu den Cyberkriegen mit den Chinesen – alle sind belauscht und ausspioniert worden. An das alles haben wir uns schon gewöhnt. Was aber beim Datenklau in Deutschland neu ist: Dahinter steckt weder ein Hackerkollektiv noch ein Geheimdienst, sondern ein 20-Jähriger, der vom Elternhaus aus scheinbar im Alleingang gearbeitet hat. Seine Begründung: Wut über die Politiker und Prominenten.

Man staunt nun wohl über gar nichts mehr! Wenn es jedem IT-talentierten Smombie möglich ist, Privatdaten von Frau Merkel zu hacken, dann braucht uns keiner mehr ein Märchen über sichere Daten, Privacy und Privatsphäre erzählen. Das alles gibt es längst nicht mehr!

Am sichersten ist man im Netz, wenn man nicht im Netz ist! Wenn wir uns wirklich schützen wollen, dann müssen wir das Netz aushungern, indem es von uns keine Informationen mehr bekommt, denn die technologischen Möglichkeiten und die Skrupellosigkeit gegenüber jeder Form von Privatsphäre scheinen schier grenzenlos zu sein. Leider ist das totale Offline-Sein eine Utopie und entspricht keineswegs dem Zeitgeist. Die Gesellschaft muss sich aber den Tatsachen stellen und für die Erhaltung bzw. die Zurückeroberung ihrer Privatsphäre und der Freiräume zur Entfaltung der eigenen Persönlichkeit kämpfen.

Der langsame Untergang der Wahrheit: Nachrichten oder Falschmeldungen

Obwohl es später Sonntagabend ist, sind alle erschienen. Die dringende Sitzung war vom Chefredakteur einberufen worden, und nun, da alle da sind, beginnt der Politik-Redakteur des Tagblatts zu erzählen: „Ich bin schon den ganzen Tag im Netz, ich kenne mich nicht mehr aus!" Im Sekundentakt trudeln neue Nachrichten auf seinem Smartphone ein, der Bildschirm blinkt immer wieder auf. „Heute Mittag gab es eine Meldung vom Innenministerium in Rom. Der Innenminister höchstpersönlich spricht von einer vermeintlichen Vergewaltigung in einem Flüchtlingsheim in Brixen: Ein 19 Jahre alter Nigerianer soll eine Angestellte vergewaltigt haben und daraufhin festgenommen worden sein. Im Netz ist die Hölle los, aber es gibt noch keine Bestätigung von der Polizei oder den großen Presseagenturen!", berichtet der Journalist aufgebracht. Es ist kurz vor Redaktionsschluss, die Zeitungsausgabe für den kommenden Tag geht gleich in den Druck. „Sollen wir die Meldung trotzdem drucken?", fragt der Redakteur und blickt in ratlose Gesichter.

Am nächsten Tag sind die Berichte zur Vergewaltigung in den Südtiroler und italienischen Tageszeitungen widersprüchlich. Erst gegen Mittag kommt Gewissheit in die Sache, als die Staatspolizei in einer Presseaussendung den Tathergang erklärt: Es war keine Vergewaltigung, sondern „nur" sexuelle Belästigung. Demnach war der Facebook-Post des Innenministers eine Falschmeldung oder **„Fake News".** Seine Rechtfertigung und Erklärung, dass es notwendig sei, das von ihm verfasste Migrantengesetz bald in Kraft treten zu lassen, waren fehl am Platz. Der Minister hat, wie es in der Politik heutzutage üblich ist, seine Präsenz in den sozialen Netzwerken ausgenutzt, um seine Wahrheit zu verbreiten. Auf Facebook folgen dem Politiker weit über drei Millionen Nutzer, 25.000 haben auf seinen Beitrag zum Geschehen in Brixen reagiert. Im Netz entlädt sich die Entrüstung über die „Bestie", den „ekelhaften Afrikaner", der die gutgläubige Sozialarbeiterin belästigt hat. In den Kommentaren wird zu Selbstjustiz aufgerufen, dazu, den Täter zu kastrieren, zu erhängen, zu erschießen. Über 3000 Mal wird der Beitrag geteilt und damit weiterverbreitet. Auf Twitter hat der Innenminister über eine Million Follower, 1300 Twitter-Nutzer teilen seinen Tweet. Und auch auf Instagram hat der Politiker sein eigenes Profil, auch hier folgen ihm mehr als eine Million Nutzer und auch hier stellt er seine Meldung zu dem Geschehen online. Und sammelt stolze 40.000 Likes.

Auf diese Weise hat sich ungehindert eine Meldung verbreitet, die keine wahre Nachricht war. Im Netz hat sich Hass aufgebaut wegen eines Sachverhalts, der so gar nicht geschehen war. Was Journalisten noch Tage später durchmachen mussten, ist nicht zu fassen: Sie wurden attackiert dafür, dass sie über die angebliche Vergewaltigung in Brixen nicht berichtet und die Tat absichtlich verschwiegen hätten.

Welch grausames Schlachtfeld ist das Netz heutzutage? Ist das die Zukunft des Journalismus weltweit? Wenn sogar eine glaubwürdige Amtsperson wie ein Innenminister Twitter verwendet, um der Presse bei der Verbreitung einer Skandalnachricht zuvorzukommen, die sich im Nachhinein als falsch erwiesen hat, so wird es immer schwieriger, den Wahrheitsgehalt einer Nachricht abzuschätzen. **Man ist besser daran nichts zu wissen, als etwas Falsches zu wissen!**

Politik im Netz

Politiker agieren immer intensiver auf den sozialen Plattformen. Sie posten und twittern, sie suchen den direkten Dialog im Netz. Da gibt es eine Unmenge von Meldungen, Diskussionen, Fragen und Antworten, die auch anonym gepostet werden können. **Resultat ist, dass man im Netz nicht mehr weiß, was wahr und was falsch ist.**

Der ursprüngliche Journalismus mit einem Reporter, der sich auf eine bestimmte Situation vorbereitet, zum Ort des Geschehens fährt, recherchiert und verschiedene Quellen einholt, bevor er etwas schreibt und publiziert, geht in diesem diffusen Meer an Meldungen unter. Die zukünftige Arbeit von Journalisten wird sich insofern ändern, dass sie rund um die Uhr vor dem Computer sitzen werden, um Meldungen aller möglichen Presseagenturen durchzuforsten, immer in der Hoffnung, dass es sich um vertrauenswürdige Quellen handelt.

Dass dann im Netz Informationen verwechselt, Menschen verleumdet und Unwahrheiten verbreitet werden, spielt keine Rolle. Im Internet gibt es keine Regeln und am Ende traut keiner dem anderen. Es gewinnt der, der am schnellsten und am lautesten schreit. Falschaussagen, Unwahrscheinliches und Lügen werden rascher verbreitet, gerade weil sie viel interessanter wirken als die langweilige Realität. „Die Wahrheit zieht sich noch die Schuhe an, da ist die Lüge schon zweimal um die Welt gelaufen", zitiert Manfred Spitzer bei einem Vortrag den Schriftsteller Mark Twain.

Und so geschieht es, dass in der digitalen Welt Millionen von Nachrichten zirkulieren, die frei erfunden sind und uns nur durcheinanderbringen. Das verändert die Art, Politik zu betreiben. Außerdem stellt es die Bedeutung von wahrer Demokratie infrage. Eine Kostprobe für die neuen

Strategien der Online-Wahlwerbung haben die 220 Millionen US-Amerikaner bei der Präsidentschaftswahl zwischen Donald Trump und Hillary Clinton, und die sechzig Millionen Briten bei der Volksbefragung zum Brexit bekommen. Der Datenraub auf Facebook mit anschließender Erstellung von Persönlichkeitsprofilen der Wähler durch die Algorithmen von Cambridge Analytica endete in einer gezielten Bombardierung der Wähler mit mutwillig verbreiteten Falschmeldungen. Wahrscheinlich ist so Donald Trump der Wahlsieg gelungen und das Vereinigte Königreich hat sich wohl durch diese Strategien zum Brexit hinreißen lassen. **Gewählt haben die Computer, nicht die Menschen.**

Wer jetzt immer noch nicht genug vom „Digitalismus" hat und von all dem, was er mit sich bringt, kann sich mit ein paar abschließenden Geschichten über die teuflischen Machenschaften aus dem Silicon Valley befassen.

GAFA – immer noch frei und auf der Jagd

GAFA steht für die Unternehmen **Google, Apple, Facebook** und **Amazon.** Man spricht von den **„Big Four",** die vier größten, profitabelsten und mächtigsten Internet- und Technikkonzerne der Welt. Der Begriff wurde vonseiten der EU eingeführt, als Erinnerung an die große Verantwortung der Unternehmen aufgrund ihrer finanziellen Möglichkeiten und der damit einhergehenden Machtposition. Man würde meinen, dass die Internetriesen nach all den Jahren des finanziellen Erfolges, gezeichnet von Misstrauen und Skandalen, einen menschlicheren und gesellschaftsfreundlichen Weg einschlagen würden. Aber das ist nicht so. Das **„GAFA-Monopol",** wie es die Presse nennt, wird immer größer und dessen Eigentümer wollen immer weiter wachsen.

Die Herrschaft um jeden Preis

Wir erinnern uns: „Es war mein Fehler und es tut mir leid" waren Mark Zuckerberg Worte bei seiner Anhörung im mit Zuhörern voll besetzten Senatssaal in Washington, D.C. Er musste nicht weniger als den massiv geschädigten Ruf seines Unternehmens retten. Facebook wurde beschuldigt, vor der amerikanischen Präsidentschaftswahl die Daten von Millionen Nutzern weitergegeben zu haben – und das ohne die Zustimmung oder das Wissen der Facebook-User. Der 33-jährige Superstar der Internetbranche präsentierte sich ernst und nachdenklich, sprach die Senatoren höflich an und hörte geduldig zu. Er hatte sich akribisch auf die Anhörung vorbereitet. Laut *New York Times* soll Zuckerberg für seinen Auftritt ähnlich intensiv trainiert haben wie die Präsidentschaftskandidaten vor TV-Duellen. Die Parlamentarier gingen zwar überwiegend pfleglich mit Zuckerberg um, konfrontierten ihn aber auch mit harten Fragen und Kommentaren. Zuckerberg schaffte es irgendwie durch

die Anhörung. Er versprach eine Kehrtwende in der Firmenpolitik. Als „idealistisches und optimistisches Unternehmen" habe Facebook früher ignoriert, dass sein globales Netzwerk nicht nur für positive Ziele verwendet werden kann. Inzwischen arbeitet der Konzern laut Zuckerberg intensiv daran, Missbräuche zu stoppen. Ob Zuckerbergs Reue und Zuversicht zum Wandel verhelfen werden, den Konzern aus dieser Krise zu führen, lässt sich schwer abschätzen.

Das war im April 2018. Inzwischen ist mehr als ein Jahr vergangen und die Herren vom Silicon Valley machen fleißig im Verborgenen weiter. Trotzdem macht Facebook immer noch neue Negativschlagzeilen: So sollen Nutzerdaten an Microsoft, Netflix und Spotify weitergegeben worden sein, auch Sony, Amazon und der chinesische Technikkonzern Huawei sollen Daten von Facebook bezogen haben. Welch ein Durcheinander auf Kosten der nichts ahnenden Nutzer! **Und es geht immer noch um Geld:** Zwar nähert sich der Social-Media-Markt seiner Sättigung und die Großkonzerne sehen Einbußen bei ihren Milliardengewinnen, aber gerade jetzt zeigen sie ohne Scham ihr wahres Gesicht. Denn wenn es um Geld geht, sind die Herren vom Silicon Valley wahre Künstler der Vertuschung.

Sozial, aber keine Steuerzahler

Die Globalisierung hat uns längst eingeholt. Den Beweis dafür sehen wir täglich in unserer nächsten Umgebung: Kleine Geschäfte schließen, der Einzelhandel geht unter, Dörfer sterben aus. In weiten Teilen Amerikas schließen bereits die großen Kaufhäuser, weil die Bevölkerung alles übers Internet bezieht. Die Transportfirmen boomen und die Lastwagen blockieren unsere Straßen. Die Gesellschaft befindet sich im ständigen Wandel: Ganze Berufsbilder sterben aus, vom Taxifahrer bis zum Vertreter. Viel Neues kommt und viel Altes verschwindet. Das Internet ist als wichtigstes Phänomen der letzten zwanzig Jahre zum größten Marktplatz der Welt geworden, dort ist großes Geld zu verdienen. Viele neue Akteure mischen mit und teilen sich die große Torte der Gewinne. Aber nicht alle sind daran beteiligt! Wer nur wenig oder gar nichts von dieser Torte bekommt, ist die Staatskasse. Es ist kaum zu glauben: Nach zwanzig Jahren Internet-Boom ist es den Finanzministern weltweit immer noch nicht gelungen, die Gewinne der Digitalunternehmen systematisch zu besteuern. **Wenn es um Steuern geht, wird das Netz plötzlich undurchsichtig!**

Gerade Apple ist ein Meister der Steuerhinterziehung: In keinem Land der Welt hat der Technikkonzern Steuern auf seine Auslandsgewinne gezahlt, daraufhin wurde ihm von der EU-Kommission eine Strafe von 13 Millionen Euro aufgebrummt. Mit einer Strafe von 4,3 Milliarden Euro hat die Kommission bei Google noch härter durchgegriffen. Eine absolute Bagatelle für einen Weltkonzern dieser Größenordnung, der diese Summe in lediglich zwei Wochen einnimmt. Vor einigen Jahren schätzte der *Economist*, dass weltweit atemberaubende 20 Billionen Dollar an Steuereinnahmen verschwunden sind, ein Betrag, der größer ist als die Wirtschaftsleistung der USA oder der Europäischen Union.

Wenn man einen einfachen, hart für den Unterhalt seiner Familie arbeitenden Bürger nach seiner Meinung zu dieser Situation fragen würde, so würde man nicht viele begeisterte Kommentare ernten. Die Zeiten sind hart und viele Menschen empfinden die Situation als ungerecht. Das angespannte Klima und die politische Lage in vielen Ländern sprechen für sich. Die Bevölkerung fühlt sich alleingelassen. Der Durchschnittslohn in der westlichen Welt stagniert seit Jahrzehnten und seit der Finanzkrise 2008 kontrollieren in Amerika die reichsten zehn Prozent der Bürger drei Viertel des nationalen Vermögens.

Die Herren vom Silicon Valley und alle, die auf das Pferd der Digitalisierung aufgesprungen sind, haben das große Geld gemacht – darum geht es aber nicht. Was wir ihnen nicht verzeihen dürfen ist, dass sie, obwohl sie wesentlich zum Globalisierungsprozess beigetragen und mit ihren Erfindungen die Gesellschaftsstruktur tiefgreifend verändert haben, keinen Augenblick an die Konsequenzen dachten – insbesondere für die junge Generation. Trotz all der Probleme der Digitalisierung, die in diesen Jahren bekannt wurden, und trotz der vielen Alarmierungen durch die Wissenschaft, haben die Betreiber der digitalen Unternehmen ihre Strategie nicht geändert und sich sogar noch vergrößert. **Die Lobbyisten des Webs kennen kein Pardon** und verhalten sich wie Haifische in einem Becken. Sie haben das Geld, um jedes Problem stillzuschweigen und jede Kritik lahmzulegen. Das Gleichgewicht der Welt gerät immer mehr ins Wanken, nicht nur weil die Staaten, die Politiker und die Steuerbehörden auf beiden Seiten des Atlantiks geschlafen haben, sondern weil die Herren vom Silicon Valley trotz ihrer groß angekündigten sozialen Vorsätze jede Besteuerung und Einschränkung ihrer Aktivitäten mit großer Schlauheit umgehen. Was nicht auf normalem Wege gelingt, wird mit den besten Rechtsanwälten, Millionenklagen und überwältigenden Werbeaktionen und Imagekampagnen bekämpft. Die gutgläubigen Nutzer sind dabei das beste Mittel: YouTube ruft seine User, darunter viele Minderjährige, zum Protest gegen die strenge Reform des Urheberrechts auf EU-Ebene auf. Dem Konzern geht es dabei nicht etwa um das „freie Internet", sondern um die Angst vor Profiteinbrüchen.

Es stirbt die Gründeridee des sozialen Zusammenhaltens und der digitalen Annäherung der Welt. Bill und Melinda Gates schicken über ihre Stiftung zwar Millionen von Dollar in unterentwickelte Länder, aber die Steuerkassen bleiben leer, weil ganze Berufszweige verschwunden sind und der Handel nur mehr online erfolgt. Weltweit verarmt die Mittelschicht, die nur noch vor dem Bildschirm sitzt, in Bewunderung einer Welt, zu der sie immer weniger Zugang hat.

Die erzwungene Modernisierung und der Schmerz, der die Welt in Bewegung setzt

Seit Jahren bin ich als Arzt in der Entwicklungshilfe tätig. Durchschnittlich zweimal im Jahr bringen mich die Einsätze nach Äthiopien. Es ist jedes Mal wieder ein Eintauchen in eine vollkommen andere Welt. Ich möchte Ihnen nun eine besondere Begebenheit erzählen:

Ein Dorf im Süden Äthiopiens. Ein paar Dutzend Strohhütten, umringt von spitzen Holzzäunen. Eine Schar von schreienden Kindern läuft mir entgegen. „Ferengi, ferengi!", ein Fremder kommt, schreien sie und begleiten mich zu einer der Hütten, auch „Tukul" genannt. Ich trete durch das Holztor und gehe durch den Innenhof ins Haus. Im vorderen Teil der Hütte sitzen Familie, Nachbarn und Freunde. In der hinteren Raumhälfte befinden sich die Tiere: drei Kühe, zwei Schafe und ein paar Ziegen. Hinter dem Haus steht ein Esel. Er ist mager, so wie vieles in Äthiopien: Bäume, Tiere und Menschen. Rauch von der Feuerstelle in der Mitte der Hütte kommt mir entgegen. Es gibt keine Fenster, man muss warten, bis sich das Auge an die Dunkelheit gewöhnt hat.

Eine Frau liegt auf einer Strohmatte. Sie ist schwer krank, aber sie lächelt, als man ihr erklärt, der „Ferengi Arzt" sei jetzt hier. Die Frau ist nicht alt, aber das Alter ist in Afrika immer eine relative Sache. Bereits mit vierzig sehen viele wie Greise aus. Woran die Frau genau erkrankt ist, weiß man nicht. Man vermutet Tuberkulose, aber es könnte auch ein Herzleiden sein, das den Erschöpfungszustand verursacht hat. Diagnosen sind hier nicht das Ausschlaggebende. Die Frau redet mit schwacher Stimme. Sie spricht von ihren fünf Kindern, mit ihnen hat sie es geschafft, all das zu leisten, was man sich in Äthiopien von einer Frau erwartet. Denn Kinder sind der Reichtum der Familie. Kinder in Afrika großzuziehen ist keine Heldentat – alle Frauen schaffen es, manche setzen sogar zehn in die Welt. Die Frau hat ihre Reise in dieser Welt bald hinter sich gebracht. Ich höre, dass sich ihr Zustand in den letzten Wochen verschlechtert hat. Ihr Gesicht ist eingefallen und das Atmen fällt ihr schwer. Die vom Eiter verklebten Augen hält sie geschlossen. Dort, wo Wasser vom kilometerweit entfernten Brunnen geholt werden muss, wäscht man sich am Morgen nur selten das Gesicht. Ich lächle der Kranken zu und versuche, mit meinen spärlichen Amharisch-Kenntnissen ein paar aufmunternde Worte zu sagen. Die vielen Menschen in der Hütte beobachten mich mit großer Aufmerksamkeit. Ich blicke mich um und merke, dass keine Kinder da sind. Wohin sind sie verschwunden, frage ich mich. Da zeigen die Erwachsenen in die andere Ecke der Hütte. Jetzt sehe ich es: Ein Dutzend Kinder liegt am Boden, den Blick auf den leuchtenden Bildschirm eines Smartphones gerichtet, das vor ihnen liegt. Werbung schwirrt über den kleinen Bildschirm. Die Kinder sitzen stumm und wie gelähmt mit weit geöffneten Augen da. Vom Handy führt ein dünnes Kabel zu einem kleinen Solarpaneel, das wie ein offenes Taschenbuch auf dem Dach der Hütte liegt.

Was für ein Anblick, denke ich. Hier befinden wir uns im Herzen Afrikas, die Menschen leben fast noch wie in der Steinzeit. Eine Schwerkranke liegt am Boden in einer verrauchten Hütte, ohne Fenster, ohne Wasser und ohne Strom. Auf der anderen Seite ein Smartphone, die Nabelschnur zur Welt, durch die ein Dutzend Kinder auf einen anderen Planeten blickt. Was mag ihnen wohl durch den Kopf gehen? Sie liegen auf dem Sandboden, aber vor sich sehen sie eine Traumwelt mit Palästen, Wolkenkratzern, Autos und Flugzeugen. Ein Paradies, in dem lächelnde blonde Mädchen und Buben zu Rockmusik tanzen.

Was machen wir da bloß mit diesen Menschen? Wir exportieren unsere Scheinwelt dorthin, wo sie noch größeren Schmerz verursacht. Denn das ist das Paradoxe an der Digitalisierung: Das kabellose Netz überwindet auch die größte Entfernung und erreicht die verstecktesten

Winkel unseres Planeten. Welche Auswirkungen das hat, ist schwer abzuschätzen. Instagram gibt es auch in Afrika, und zwar ebenso dort, wo es noch keine Straßen, Ärzte oder Spitäler gibt, sondern nur magere Menschen und Tiere. Es gibt wenig zu essen, hier stirbt man noch an Tetanus, Diphtherie und Masern. Es ist unglaublich, wie schnell die Entwicklung voranschreitet. Auch in Äthiopien sieht man schon die ersten Smombies. Zwar haben sie keine Schuhe und tragen zerrissene Kleider, aber sie machen schon vieles den Kindern der westlichen Welt nach. Billige Handys und Solarpaneele ermöglichen hier eine frühe Vernetzung.

Mobilfunkanbieter haben sich schon wie die Geier auf die Entwicklungsländer gestürzt. Man spricht groß von „Modernisierung" und davon, Wissen der Menschheit auf der ganzen Welt zugänglich zu machen. Es gibt kein Wasser, aber dafür Instagram und Facebook. Die Kinder im Süden Äthiopiens gehen in aller Frühe los, um Wasser von kilometerweit entfernten Brunnen nach Hause zu schleppen. Wieder zuhause in ihren Hütten haben sie dann die Möglichkeit, auf dem kleinen Bildschirm Luxusschwimmbäder und Wellenreiter zu bewundern, genauso wie es die europäischen und amerikanischen Jugendlichen zu sehen bekommen.

Kann das guttun? Meines Erachtens nach ist es eine Tragödie, denn wir verhalten uns gegenüber den Menschen der ärmsten Länder genauso, als würden wir einem hungrigen Kind eine Torte vor Augen halten, um sie dann gleich wieder wegzunehmen. Die Vernetzung verursacht große Träume und Schmerzen mit **gewaltigen Konsequenzen in den Köpfen der mittellosen Jugend.**

Es sind Abertausende von Menschen, die sich auf der Suche nach der Traumwelt des Bildschirms auf den Weg machen. Das mobile Schatzkistchen, das inzwischen jeder Flüchtling besitzt, motiviert die Leute südlich des Mittelmeeres und gibt ihnen die Kraft, die gefährliche Überfahrt um jeden Preis zu riskieren. Neben den politischen und wirtschaftlichen Ursachen im eigenen Land ist das Internet der Hauptauslöser für die große Flüchtlingskrise der letzten Jahre, die zu einem scheinbar unlösbaren Weltdrama geworden ist.

Kinder

Die Wehrlosen

Ich widme den Kindern absichtlich ein ganzes Kapitel, denn die Verwendung der digitalen Endgeräte durch sie bedarf einer besonderen Aufmerksamkeit. Bildschirme üben eine besondere Anziehungskraft auf Kinder aus. Sie leuchten und es bewegt sich ständig etwas hinter dem Glas. Daher dauert es auch nicht lange, bis Kleinkinder Interesse daran zeigen.

Sie sind die **„Digital Natives"**, die Eingeborenen in der digitalen Welt. Das macht aus ihnen jedoch noch lange keine Computerexperten. Sie sind Kinder, unwissend, unerfahren, naiv, beeinflussbar und sie haben die schönsten Eigenschaften, die ein Mensch haben kann: Sie sind interessiert und neugierig. Neugierig, das Leben zu entdecken. Daher öffnen sie gegenüber allem, was ihnen begegnet, ihre Augen und ihr Herz. Und dieses öffnen sie mit voller Begeisterung, weil sie, wie Steve Jobs es sagte, hungrig sind auf alles Neue. Mit diesem Grundgedanken haben sich die Web-Psychologen an die Arbeit gemacht.

Die Schlagzeile auf dem Titelbild der Wochenzeitung *Internationale* vom 12. Juli 2019 lautet: „Gekidnappt von YouTube". Der Artikel bezieht sich auf die unbarmherzige Art, mit der die Weltplattform YouTube um die Aufmerksamkeit der Kleinkinder, **hochbegehrte Werbeopfer im Netz,** kämpft. Wenn wir von Kleinkindern sprechen, so meinen wir nicht pubertierende Jugendliche, sondern Heranwachsende im Alter zwischen zwei und sechs Jahren. Das Bild von Kindern, die hypnotisiert vor den Bildschirmen von Smartphone, Tablet, Computer oder Fernseher sitzen, haben wir vor Augen. Ruhig und still, sind sie jeder Eltern Freude, denn sie stören nicht, stellen keine unnützen Fragen und zerreißen keine Kleidung beim Baumklettern. Was sich aber auf dem Bildschirm ihrer digitalen

Medien präsentiert, ist nicht nur Kindersache. Wie es das Wochenmagazin beschreibt, gibt es eine grausame Welt der Erwachsenen, die auf Kosten der Kinder große Geschäfte macht. Millionen von Videos mit genau durchdachten Inhalten werden professionell produziert und lauern in bunten Farben mit Animation, Bewegung, Musik und ständig neuen Themen auf die junge Kinderschar. Zeichentrickfilme demonstrieren zum Beispiel, wie Geschenke ausgepackt werden und wie immer wieder neue Verpackungen die jeweiligen Inhalte verbergen. „Unboxing" heißt ein siebenminütiges Video, das 29 Millionen Mal gesehen wurde. Andere Kurzfilme zeigen Überraschungseier, die auseinanderbrechen und dabei verschiedene Geschenke präsentieren.

Ziel des Ganzen ist es, die Aufmerksamkeit der Kleinsten einzufangen und sie nicht mehr loszulassen, um über die Anzahl der eingeblendeten Werbeschaltungen möglichst viel zu verdienen. Die Werbepsychologen, die hinter den Videoproduktionen stehen, sind sehr erfinderisch, wenn es darum geht, die Kleinen spielend zu ködern. Die Zahlen der Internet-Zugriffe sind beängstigend. Der Internetriese YouTube verwendet auch hier **Algorithmen,** damit sich den jungen Zuschauern immer wieder neue Themen präsentieren. Langeweile kennen die Kinder keine mehr. Sie werden bewusst von einem Video zum nächsten geschleust, mit dem einzigen Hintergedanken, das Zuschauen immer fesselnder zu gestalten. Zuerst sind es harmlose und friedvolle Zeichentrickfilme, die sich schleichend steigern und den Grausamkeiten der Erwachsenenwelt nähern. Was die Eltern der jungen Zuschauer von all dem halten, interessiert die Produzenten nicht, denn sie wissen, dass die Erwachsenen meist keine Ahnung davon haben, was sich vor den Augen ihrer Kinder abspielt.

Ich glaube, wir sind uns alle darin einig, dass die **Digitalisierung das Ereignis des Jahrtausends** ist. Nun sollten wir nachdenken, wie wir

Erwachsenen diesem „Neuen" begegnet sind, wie die digitale Walze uns überrollt hat und wie schnell, oder besser wie langsam, wir mit der neuen Technik vertraut geworden sind.

Und dann denken wir an unsere Kinder: Was haben wir ihnen da in die Wiege gelegt, zusammen mit den Herren aus dem Silicon Valley? Mit Stolz behaupten wir, dass sie in das neue Zeitalter hineingeboren wurden und daher keine Probleme im Umgang mit den neuen Technologien haben. Das aber ist ein gewaltiger Irrtum, mit dem wir höchstens unser Gewissen ruhigstellen können; eine Ausrede, hinter der wir unsere Erziehungsratlosigkeit verstecken. Kinder von heute sind keine hoch technisierten Genies. Sie haben auch nicht auf einmal neue Fähigkeiten entwickelt. Sie sind das Produkt unserer Gene, genauso ausgestattet wie wir, als wir das Licht der Welt erblickten. Ihr Gehirn ist genauso lernbedürftig wie unseres es war, es ist genauso wertvoll, sensibel und neugierig, wie es unseres in der Kindheit war. Sie brauchen heute, genauso wie damals, die gleiche Zuneigung und vor allem den gleichen Schutz vor der Welt der Erwachsenen.

Was wir über das Kinderhirn wissen sollten

Das Gehirn ist ein Organ, das sich von Geburt an entwickelt. Es wiegt beim Neugeborenen 300 Gramm und beim Erwachsenen 1300 Gramm. Seine Funktionalität wächst mit den Erfahrungen, die jeder von klein auf macht. Das Gehirn verhält sich wie ein Muskel: Je mehr es in jungen Jahren trainiert wird, desto schneller entwickelt es sich und desto besser funktioniert es unser gesamtes Leben über. Der Aufbau der Hirnmasse erfolgt dadurch, dass sich täglich neue Nervenbahnen und Synapsen bilden und findet zu neunzig Prozent in den ersten zwanzig Jahren des

Lebens statt. Diese Entwicklung wird durch die täglichen Erfahrungen beschleunigt, die das Kind macht. **Mehr Erfahrungen – mehr Entwicklung.**

Der Lernprozess ist vor der Einschulung am effektivsten. Grundlegende Sprachkenntnisse und Feinmotorik sind bis dahin meist schon ausgebaut. Dann folgt der ganze Rest an Erfahrungen und Interaktionen, Begegnungen mit anderen Kindern und Sozialkontakte, die ein Kind braucht, um sich zu entwickeln. Das wissen alle Eltern, Pädagogen und Lehrer. Daher wurde immer schon versucht, die Neugier in den Kindern zu wecken, sie beim Entdecken neuer Erfahrungen zu begleiten und sie zu motivieren, Neues auszuprobieren. „Komm, mach es, trau dich, versuch es, es tut dir gut!", sind unsere ermutigenden Worte.

Nun versuchen wir uns erneut zurückzuerinnern, wie wir in unserer Kindheit waren. Wir sind durch Wiesen gerannt, haben Bäume erklommen, Fußball gespielt, gebastelt und musiziert. Waren wir nicht eine Kinderbande, die verschwitzt, mit zerrissenen Hosen, abgeschürften Knien, manchmal sogar heulend, nach Hause gekommen ist? Wir hatten eine bewegte Kindheit, die zur Entwicklung unseres Gehirns, unserer Fähigkeiten und unserer Persönlichkeit beigetragen hat.

Ist das den Kindern von heute noch erlaubt? Wie trainieren sie ihr Hirn? Wie lernen Kleinkinder, die schon mit zwei Jahren ein Tablet geschenkt bekommen? Es folgen das Smartphone, der Laptop und schließlich die PlayStation mit Killerspielen wie *Call of Duty*. Eltern und Verwandte meinen wohl, ihren Sprösslingen ein nützliches Geschenk zu machen. Sie sind überzeugt davon, dass sie ihnen den Eintritt in die digitale Welt erleichtern, indem sie ihnen ein iPad mit Märchenerzählungen oder ein Smartphone mit Trickfilmen vor die Nase setzen. Natürlich sitzen die Kleinen stillschweigend vor dem Bildschirm, wischen mit der noch ungelenken Hand auf der Glaswand herum und befreien die Erwachsenen von so manchem Stress. **Das Tablet ist der moderne Schnuller!**

Erleben mit allen fünf Sinnen

Die heutige Welt ist eine Welt der visuellen Kommunikation. Wir alle sind mit unseren Augen immer stärker von dem hypnotisiert, was die digitale Technik jeden Tag an Neuem produziert. Haben Sie sich schon einmal überlegt, was unsere Kinder in ihrem kurzen Leben schon alles zu sehen bekommen haben?

Es ist gewaltig, was allein die Augen schon alles aufnehmen müssen mit den vielen Bildern, die uns täglich überschwemmen. Die Kinder von heute sind von der Magie der Bilder verzaubert – besser gesagt von der Magie der Bildschirme. Dass ihnen dieser Überfluss nicht gut-tut, ist bekannt. Sie werden gebremst in ihrem Drang, mit der Außen-welt zu kommunizieren. Denn im Leben zählen nicht nur die Augen, wir Menschen sind mit fünf Sinnen ausgestattet. Wir können hören, sehen, tasten, riechen und schmecken. Es ist bewiesen, dass ein Erlebnis vom Gehirn viel intensiver wahrgenommen wird, wenn es mit allen Sinnen erfahren wird. Deswegen machen Kleinkinder Folgendes, um einen Gegenstand richtig kennenzulernen: Sie schauen ihn an, greifen nach ihm, riechen daran und stecken ihn sich in den Mund. Je realer und ganzheitlicher die Erfahrungen sind, desto besser werden sie vom Ge-hirn aufgenommen. Auch die Interaktion mit anderen Kindern und den Eltern ist für das Kind von großer Bedeutung: Das Kind will die Wärme der anderen spüren, die Haut fühlen, den Geruch der Mutter erkennen, Körperkontakt mit Freunden haben, sich bewegen, alles angreifen und in den Mund stecken; es muss lernen zu lachen, zu weinen und seine Gefühle entwickeln.

Diese Erfahrungen kann ein Bildschirm nicht ermöglichen. Die Technik kann jeden Versuch machen, die Realität einzufangen und über einen Bildschirm mit Millionen von Pixeln wiederzugeben. Es wird ihr aber nie gelingen, ein vollständiges Erlebnis der fünf Sinne nachzubilden. Die virtuelle Realität wird immer ein schwacher, langweiliger Abklatsch dessen sein, was real ist. **Es ist eine amputierte Welt, die wir am Bild-schirm betrachten.** Ein Märchen hat eine ganz andere Wirkung auf das Kind, je nachdem, ob es von einem Tablet wiedergegeben, oder von der Mutter erzählt wird, die am Bettchen des Kindes sitzt. Die Mutter kann durch ihre Stimme, ihr Lächeln, Berührungen und Erklärungen auch die schlimmsten Grausamkeiten in Grimms Märchen entschärfen. Vor dem

Bildschirm alleine gelassen, müssen die Kinder selbst mit allem zurechtkommen. Und **im Internet gibt es nicht nur Märchen.**

Kinder brauchen den Kontakt zur realen Welt. Daher ist für sie die Zeit, die Erwachsene persönlich mit ihnen verbringen, immer noch das schönste Geschenk. Wir können reale Sozialkontakte nicht durch Bildschirmkontakte ersetzen. Kleinkindern, denen man Tablets schenkt, tut man keinen Gefallen. Wussten Sie, dass es sogar Töpfchen mit Tablet-Halterung gibt? Kinder werden durch die digitalen Endgeräte in der wichtigsten Zeit ihrer Entwicklung gebremst. Sie geben zwar Ruhe und scheinen vergnügt, weil sie regelmäßig mit ihren Händchen über den Bildschirm wischen, aber diese Art von Interaktion hindert die Entfaltung ihrer elementaren Bedürfnisse und erniedrigt sie zu einfachen Zuschauern. Dies verlangsamt den Prozess ihrer Sprachentwicklung, vermindert die Fähigkeit der Interaktion mit Gleichaltrigen und bremst die Empathie gegenüber Eltern und Freunden.

Wie Professor Spitzer sagt: **„Digitale Endgeräte machen unsere Kinder abgestumpft, weniger emphatisch, unreif und dumm.** Sie machen unsere Gesellschaft nicht smart, sondern erodieren sie von innen!" Dass dieser Prozess gerade die Kleinsten am meisten schädigt, kommt laut dem Hirnforscher einer gesellschaftlichen Katastrophe gleich.

Kinder, die Gebeugten

Wie bereits erwähnt, gibt es zusätzlich zu den geistigen auch noch körperliche Veränderungen, auf die sich ein Smombie freuen kann. Ärzte diagnostizieren inzwischen den „Handy-Nacken": Das ständige Hinunterbeugen des Kopfes belastet die Halswirbelsäule, die Hals- und Wirbelmuskeln geraten in eine chronische Verspannung und mit der Zeit setzen

Schmerzen zwischen Schulterblättern und Nacken ein. Dies kann zu Fehlhaltungen und frühen Gelenkabnützungen führen, außerdem kann es zu Migräneanfällen kommen. Dagegen helfen Sport, Dehnungsübungen, Yoga und Physiotherapie – allerdings sollte man das Problem an der Ursache bekämpfen und weniger auf den Bildschirm starren.

Kinder, die Brillenträger

Es ist kein Aprilscherz, es sind auch keine Fake News: In Südkorea werden innerhalb der nächsten zehn Jahre schätzungsweise neunzig Prozent der Erwachsenen Brillenträger sein. Warum?

Südkorea ist das Land mit dem weltweit besten Glasfasernetz und dem höchsten Anteil an Internetanschlüssen pro Haushalt (98 %). Gleichzeitig ist es das Land mit der stärksten Nutzung digitaler Informationstechniken durch Kinder und Jugendliche, neun von zehn Heranwachsende sind Smombies. Nichts Besonderes, wenn nicht die Medizin mit einer schlechten Nachricht aufhorchen lassen würde.

Augenärzte aus aller Welt schlagen Alarm: Die intensive Nutzung des Smartphones durch Kinder und Jugendliche im Alter zwischen zwei und 18 Jahren macht kurzsichtig! Das dauernde Starren auf einen nur wenige Zentimeter entfernten Bildschirm trägt zur Verlängerung der Form des Augapfels bei. Die Distanz von Hornhaut und Linse im vorderen Teil des Auges zur Netzhaut im hinteren Teil ist zu groß. Beim Blick in die Ferne hat das Auge nicht mehr die Fähigkeit, ein scharfes Bild zu erzeugen. Viele junge Menschen, bei denen der Augapfel sich noch entwickeln muss, bekommen durch die häufige Smartphone-Nutzung diesen Sehfehler. **Vom Smartphone zum Brillenträger.**

Erwachsene: Konflikt der Generationen

Wir haben die digitale Welt unter die Lupe genommen und gesehen, wie wichtig es ist, Kinder zu führen und zu beschützen. Der Angriff auf ihre noch nicht ganz ausgereifte Persönlichkeit und die körperlichen Schäden, die durch die falsche Nutzung der digitalen Medien entstehen können, müssen von den Eltern ernst genommen werden. Eines ist sicher: Die Präsenz der Erwachsenen ist absolut notwendig! Doch wie sehr sind sie in der Lage, sich dem Problem zu stellen oder es vielleicht sogar zu bekämpfen?

Nach dem, was wir bis jetzt alles gelesen haben, können wir Erzieher nicht gerade positiv oder gar optimistisch gegenüber der digitalen Wende eingestellt sein. Vor allem wissen wir nicht, ob wir überhaupt etwas verändern können und sollen, oder ob wir, wie so oft, am besten einfach wegschauen, um der Entwicklung ihren freien Lauf zu lassen.

Bei über vier Milliarden Internetanschlüssen weltweit lässt sich eine einfache Schlussfolgerung ziehen: **Wir alle, Jung und Alt, stecken bis zum Hals in der vernetzten Welt.** Der Unterschied besteht wohl nur mehr im Geburtsdatum. Die Ersten mussten mühsam die neue Welt entdecken, für die Folgegeneration, die „Digital Natives", war diese Welt schon immer da.

Wie steht es nun bei den „Oldies" um die neuen Medien und deren Nutzung? Man muss gleich vorwegnehmen, dass es nicht einfach war hinzunehmen, wie sich die Welt in kürzester Zeit verändert hat. Nach dem Ende des Zweiten Weltkriegs war die Geschwindigkeit des technischen Fortschritts so groß, dass sich die Menschen immer schneller und häufiger den neuen Herausforderungen anpassen mussten. Für die ältere Generation wurde es zunehmend schwieriger, bei der Entwicklung mitzuhalten. Das hat zu einem immer stärker werdenden Generationskonflikt,

Kommunikationsschwierigkeiten und Meinungsverschiedenheiten über Erziehung, soziale Werte, Glauben, Politik und vieles mehr geführt.

Historiker haben die Generationen der Nachkriegszeit zeitlich eingeteilt, definiert und ihr Verhalten erfasst: Alles fing an mit den **„Babyboomern"**, der Hippie-Generation. Auf sie folgen die **„Generation X"** und schließlich die **„Generation Y"**, auch bekannt als **„Millennials"** oder die **„Internetgeneration"**. Die jüngste Generation, auch **„Generation Z"** genannt, ist schon von klein auf mit dem Internet konfrontiert. Die folgende Tabelle erklärt in übersichtlicher Weise, was jede Altersgruppe kennzeichnet und wie unterschiedliche Bereiche des Lebens angegangen worden sind. Alle Generationen der Nachkriegszeit haben eine sich verändernde Welt erlebt und sich daran anpassen müssen. Deswegen haben unsere Eltern uns oft nicht verstanden, und wir sie nicht. Jede Zeit hatte ihre Probleme und jede Generation ihre Art, mit ihnen zurechtzukommen.

Nun kommen wir zur Digitalisierung, die mit großer Wucht auf unsere Gesellschaft hereingebrochen ist! Zwischen der „Generation X", der Generation der gelangweilten Hedonisten, und den Millennials, den ersten Computerfreaks, hat irgendwo die Digitalisierung eingeschlagen. Sie hat seit 1990 eine neue Welt eröffnet und einen tiefen Graben zwischen den Generationen gezogen. Ende der Neunzigerjahre sind wir dann den Suchmaschinen, sozialen Netzwerken und Algorithmen zur Gänze in die Arme gefallen.

Jetzt stehen wir da, auf der einen Seite die „Digital Natives" oder „digitale Eingeborene", und auf der anderen Seite die „Oldies", auch „Digital Immigrants" genannt, die im Laufe ihres Lebens in die digitale Welt eingewandert sind.

		Traditonalisten bis 1955	Babyboomer 1956–1965	Generation X 1966–1980	Generation Y 1981–1995	Generation Z ab 1996
	Prägende Erfahrungen, Einflüsse	2. Weltkrieg, Wiederaufbau, harte Arbeit und Entbehrungen	Wirtschafts- wunder, gesellschaft- liche Um- brüche, 68er Revolution, Frauen- bewegung	„Generation Golf", Fern- sehzeitalter, Mauerfall, Ende kalter Krieg	„Millennials", digitale Revolution, weltweiter Terror	„Generation YouTube", Globali- sierung, Erd- erwärmung, Wikileaks
	Arbeitshaltung, Karriere	Beruf zum Zweck der Finanzierung des Lebens- unterhalts, nicht zur Selbstver- wirklichung	Arbeit hat einen hohen Stellenwert, der Begriff „Workaholic" wurde von ihnen geprägt.	Berufliche Karriere ist genauso wichtig wie eine aus- gewogene Work-Life- Balance.	Der Job muss Spaß machen, Karriere ist nicht so wichtig. Arbeit und Privat- leben werden nicht so streng getrennt.	Feste Ab- grenzung, klare Strukturen, Trennung von Arbeit und Privatleben
	Lebens- einstellung, Werte	Konformität, Gehorsam und Respekt vor Regeln und Autoritäten	Durchsetzungs- vermögen, Teamgeist, Idealismus, Protest	Unabhängig- keit, Individualis- mus, Freiheits- liebe, Sinn- suche	Streben nach Selbstver- wirklichung, Freiheit, Leben im Hier und Jetzt	Selbst- verwirklichung im privaten und sozialen Umfeld, Authentizität, Ehrlichkeit
	Technologie- nutzung	Wenig bis kein Bezug zur neuen Technik	Neue Technik wird eher im Arbeitsumfeld genutzt	Techno- logischer Wandel ana- log zu digital. Technikaffin und versiert	Digital Natives, „24 Stunden online"	„Technoholics", Virtual Reality, Cloud, Musik- Streaming
	Kommunikation	Face-to-Face	Face-to-Face, Telefon	SMS, E-Mail, Messenger	Social Media, Messenger	FaceTime, Messenger
	Bevorzugte Medien, Werbe- kanäle	Klassische Medien bevor- zugt	E-Mail, Tages- zeitung, Radio, TV, Facebook	E-Mail, Facebook, TV, Online-Nach- richten	Twitter, Instagram, TV mit gleich- zeitig zweitem Bildschirm, Facebook	Snapchat, Spotify, Whisper, YouTube, Tumblr

Grafik von panadress marketing intelligence GmbH: www.panadress.de

Die „Oldies", die wilde Herde der Erzieher

Der Begriff „Oldies" umfasst eine sehr heterogene Gruppe von Eltern, Erziehern, Lehrern und vielen mehr. Je nach Gebrauch und Einstellung zu den digitalen Endgeräten lassen sie sich in sechs Gruppen einteilen:

Die Steinzeit-Oldies

Die, die ihre Kinder frei gewähren lassen, weil sie selbst mit dem Internet und dem Smartphone nichts anfangen können. Sie sind von einem anderen Stern und erkennen das Problem des „Digitalismus" gar nicht.

Die Smombie-Oldies

Die, die selbst Smombies sind und das Smartphone exzessiv verwenden. Die Kinder und die Folgen des „Digitalismus" auf sie werden ignoriert und die Oldies machen sich keine Gedanken über einen ethischen, vorbildhaften Umgang mit dem Handy.

Die Prediger-Oldies

Die, die dem Problem überkritisch gegenüberstehen und ihre Kinder ständig dazu auffordern, „das Ding doch endlich einmal auszuschalten". Diese Ermahnungen gleichen einer Predigt, die die Smombies schon viel zu oft gehört haben und getrost ignorieren.

Die Schnuller-Oldies

Die, die den Bildschirm als Erziehungshilfe einsetzen und den Kindern schon in der Wiege Tablets vor die Augen halten, damit sie nicht schreien und brav sitzen bleiben, ohne einen Laut von sich zu geben. Sie benützen Smartphones und Tablets zur Ablenkung beim Essen, beim Inhalieren, beim Medikamente-Schlucken und sogar auf Toilette, damit die Kleinen auf dem Topf sitzen bleiben.

Die „Ultra"-Pädagogen-Oldies

Die, die die Digitalisierung und den „Digitalismus" verherrlichen. Sie empfehlen Tablets für den Kindergarten und Smartphones für die Schule, weil die Geräte die Psyche der Kinder stimulieren und sie zu kleinen Genies machen.

Die Minderwertigkeits-Oldies

Die, die sich als Oldies abstempeln, da sie in ihrer Jugend leider noch keinen Computer hatten und daher erst spät diese wundervolle Welt entdecken konnten. Sie verbeugen sich mit Respekt vor dem Wissen und den schnellen Fingerbewegungen auf dem Bildschirm ihrer Kinder.

Wie wir sehen, gibt es eine Vielfalt von Modellen, mit denen die Erwachsenen die Probleme rund um die Nutzung der digitalen Geräte ihrer Kinder angehen – oder ignorieren. Dass es kein Patentrezept gibt, ist klar. Die Meinungen darüber, wie sich die Erwachsenen verhalten sollen, gehen in alle Richtungen und zeigen grundsätzlich, dass wir Oldies auf einer ganz anderen Wellenlänge als die Smombies sind. Wenn wir über dieses Thema diskutieren, müssen wir uns eingestehen, dass wir Erwachsene selbst ein Teil des Problems sind.

**Nun, liebe Oldies und Smombies,
lasst uns zusammen einen Ausweg finden!**

Wie brav er auf dem Töpchen sitzt

Die 35 Wahrheiten über die digitale Revolution

Liebe Leser! Ich habe versucht, die vielen Schattenseiten der Digitalisierung aufzuzeigen. Sicherlich ist es mir nicht gelungen, die Situation vollständig zu analysieren. Als ursprünglicher Mutmacher möchte ich Sie auch nicht durch eine zu pessimistische Weltanschauung entmutigen. Ich bin aber davon überzeugt, dass wir uns wehren und etwas unternehmen müssen, um zu verhindern, dass eine ganze Generation unter die Räder der Digitalisierung gerät.

Ein Problem kann man erst dann lösen, wenn man es gut kennt und sich mit der Materie vertraut gemacht hat. Daher möchte ich noch einmal zusammenfassend die Probleme eines zu intensiven Bildschirm-Gebrauchs auflisten. Der zweite Teil des Buches befasst sich dann mit Möglichkeiten eines **Auswegs aus dem digitalen Chaos.**

Zusammenfassung: die 35 Folgen des „Digitalismus"

@ Wir verlieren Zeit und werden süchtig

@ Wir werden zum Narzissten erzogen

@ Wir werden zum Werbeobjekt anderer

@ Wir können von Fremden lokalisiert werden, ohne es zu wissen

@ Wir können in unserer gesamten Existenz von Fremden ausspioniert werden

@ Wir verfälschen unser Selbstbild und senden es in die Welt

@ Wir betrachten die verfälschten Bilder anderer

@ Wir werden passiv und faul

@ Wir werden übergewichtig oder magersüchtig

@ Wir bekommen Schlafstörungen

@ Wir finden virtuelle, aber keine echten Freunde

@ Wir werden von der Flut an Nachrichten und Benachrichtigungen gehetzt

@ Wir haben Angst, nicht erreichbar zu sein

@ Wir haben Angst, etwas zu verpassen

@ Wir fühlen uns gezwungen, immer vernetzt zu sein

@ Wir spüren den Druck, ständig etwas beweisen zu müssen

@ Wir werden traurig, weil wir eine Traumwelt sehen, die wir nie erreichen können

@ Wir werden depressiv, weil wir im Netz viel Leid sehen

@ Wir bekommen Panikattacken

@ Wir bekommen Angstzustände

@ Wir isolieren uns und werden einsam

@ Wir bekommen durch Pornografie ein verzerrtes Bild
   der Sexualität

@ Wir haben weniger Sex

@ Wir werden weniger emphatisch

@ Wir werden radikalisiert

@ Wir werden unkonzentriert, lernen und arbeiten schlechter

@ Wir werden spielsüchtig

@ Wir werden gemobbt

@ Wir werden durch Fake News manipuliert

@ Wir geben unsere Privatsphäre auf

@ Wir posten eine Traumwelt, die Neid und Einwanderung
   verursacht

@ Wir machen unsere Kinder abgestumpft und sozial unbeholfen

@ Wir machen unsere Kinder zu Haltungsgeschädigten

@ Wir machen unsere Kinder kurzsichtig

@ Das Netz vergisst nichts. Niemals!

Der Ausweg

Wo anfangen?

Die von mir geschilderten Schattenseiten der Digitalisierung haben Sie sicherlich nachdenklich und vielleicht auch traurig gestimmt. Wahrscheinlich fragen Sie sich jetzt, wie wir uns verhalten sollen, um nicht im **„Digitalismus"** unterzugehen – und was dieser „Digitalismus" überhaupt ist. Der Zukunftsforscher Matthias Horx versteht darunter die zur Ideologie gewordene Computerisierung.

In vier Schritten möchte ich nun mögliche Auswege beschreiben, um dem dauerhaften Digitalisierungszwang unserer Zeit zu entkommen. Das soll aber kein Allheilmittel sein, denn ein Patentrezept gibt es nicht. Als Arzt und Familienvater ist es mir ein Bedürfnis, Ihnen Ratschläge zu geben, wie Sie und Ihre Kinder durch ein bewusstes Verhalten körperlich und geistig gut weiterleben können, ohne sich technisch isolieren zu müssen und zum totalen Außenseiter der Gesellschaft zu werden.

Die Digitalisierung ist ein Wirbelsturm, eine Revolution, deren Ausmaß und Langzeitfolgen nicht absehbar sind. Wir befinden uns zurzeit in der Mitte dieses gewaltigen Hurrikans und wenn wir auf der Suche nach einem Ausweg sind, so sollten wir keine Wunder von außen erwarten. Zwar wissen wir, wo und wie das Ganze angefangen hat, aber es ist wenig sinnvoll, sich in einen Krieg gegen die Geräte und ihre Erfinder zu stürzen.

Natürlich tragen die Herren vom Silicon Valley eine große Verantwortung, aber wenn wir bildschirmsüchtig und krank werden, sind wir selbst die Verantwortlichen, wir, die Nutzer des Internets, die gebeugten Smombies und die verwirrten Oldies. Wir sind der Motor eines Autos, an dessen Steuer bereits seit zu langer Zeit ein unbekannter Fahrer sitzt. Somit sind wir gleichzeitig Opfer und Täter, einerseits gelähmt vom Bildschirm, andererseits nichtwissend aktiv im digitalen Universum. Von diesen Rollen müssen wir uns distanzieren und **unserem Verstand wieder einen höheren Stellenwert einräumen.** Wir sollten die Minderwertigkeitsgefühle wegen unseres scheinbar beschränkten Gehirns abwerfen und unserem Denken wieder absolute Priorität einräumen.

Erster Schritt: die Aufwertung des Verstandes

Was wir über unser Gehirn wissen müssen

Fangen wir mit unserem Computer im Kopf an, unserem Gehirn. Es begleitet uns täglich durch das Leben und sorgt für unser Überleben. Auch wenn die Welt sich im digitalen Rausch befindet, überall von Bits und Bytes, RAM, Speicherplatz, Glasfaserverbindung und Algorithmen die Rede ist und die künstliche Intelligenz als ultimative, alles diagnostizierende und planende Wunderlösung angehimmelt wird, so ist das menschliche Gehirn immer noch der vielseitigste, kreativste und komplexeste, schlichtweg der beste Computer der Welt. Es ist das faszinierendste Organ unseres Körpers und leistet weitaus mehr als jeder Supercomputer, den die Technikindustrie derzeit zu bieten hat.

Der vielseitigste Computer der Welt

Wir sind keine Idioten! Wir haben ein Hirn, das denken kann! Ich hoffe, lieber Leser, dass Sie dieser Aussage zustimmen. Mit nur 1300 Gramm Gewicht kann dieser Spezialrechner Brücken und Wolkenkratzer bauen, Flugzeuge und Raketen entwickeln, Symphonien komponieren, Sprachen erlernen, uns zum Lachen und zum Weinen bringen, singen, zeichnen und träumen, sich die Zukunft ausmalen, sich an die Vergangenheit erinnern und vieles mehr. Was unser Gehirn allen Computern voraushat, ist die emotionale Komponente, die Feinfühligkeit, die Empathie, das

Einfühlungsvermögen, die Intuition, die Einschätzung eines jeweiligen Augenblicks sowie die Erfassung von unterschwelligen Signalen unseres Gegenübers. Diese Faktoren sind im echten Leben mehr wert als die komplexesten Kalkulationen und Prognosen eines Rechners, der das Wesentliche eines Moments nicht erkennen kann.

Welch fantastisches Wunderkästchen hat Gott uns da geschenkt! Da kann kein Smartphone, kein mediales Gerät je mithalten. Sind wir uns dessen bewusst? Ich glaube, dass wir unserem Gehirn in den letzten dreißig Jahren zu wenig Anerkennung entgegengebracht haben. Wir haben uns demütig vor allen Erfindungen der Technik verbeugt und ihrer rasanten Entwicklung freien Lauf gelassen. Dabei wurde unser Verstand immer mehr in die Ecke gedrängt. Aufgrund der vielen technischen Errungenschaften wurden Körper und Geist zunehmend fauler.

Aber musste es so kommen? Die Befürworter der digitalen Revolution hatten immer prophezeit, dass Automation und Digitalisierung uns Menschen befreien, unsere Arbeit erleichtern und unsere Lebensqualität verbessern würde. Mehr Zeit für Hobbys und Familie wurde uns versprochen. Ich überlasse es nun Ihnen zu beurteilen, inwieweit sich diese herrlichen Prognosen bewahrheitet haben.

Der beste Freund und Berater

Unser Gehirn verfügt über eine enorme Vielfalt von Verarbeitungsmechanismen und eine unglaubliche Speicherkapazität, registriert nicht nur schöne Erinnerungen, sondern verarbeitet auch Schmerz und Trauer, begleitet uns durch das Leben und gibt sein Bestes, uns zu beraten und zu beschützen. Da es für uns Menschen verantwortlich ist, empfindet es manchmal sogar (Selbst-)Mitleid und sorgt sich um uns: So sendet das Gehirn Signale aus und teilt uns dadurch mit, was ungesund und schädlich ist. Das hilft uns bei der Bewältigung von so manchen Problemen des täglichen Lebens.

Das Gehirn warnt uns auch, wenn zu viele Informationen auf uns niedergehen, die Belastung durch die Außenwelt zu groß wird, der Stress des Lebens ein bedrohliches Ausmaß erreicht hat und Handlungsbedarf besteht. Die Warnmeldungen, die wir dann erhalten, sind vielfältig: Müdigkeit, Appetit- und Schlaflosigkeit, Migräne, Erschöpfungszustände, Panikattacken, Herzrasen, Schwindel, Gastritis, Durchfall und vieles mehr. Die Medizin kennt diese Beschwerden und spricht von psychosomatischen Störungen – Symptome, für die es keine physische Ursache gibt, sondern die allein von unserer Psyche ausgelöst werden. Es ist die Sprache des

Gehirns, das mit dem Körper kommuniziert und ihm zu verstehen gibt, dass wir ungesund leben und dagegen etwas unternehmen sollten.

Sind wir uns überhaupt bewusst, welchen Freund und Arzt wir in unserem Kopf mit uns herumtragen? Ob wir diesen Bekannten ernst nehmen und auf seine gut gemeinten Ratschläge hören, ist eine andere Geschichte. Eine besondere Form der Hinweise, die uns unser Gehirn wenn nötig gibt, ist die folgende.

Alarm im Ohr, das Gehirn spricht

Kennen Sie das? Sie gehen nach einem anstrengenden Tag zu Bett und fühlen sich erschöpft und ausgepowert. Einerseits äußerlich todmüde, anderseits gereizt und innerlich aufgewühlt. Sie schalten das Licht aus, machen die Augen zu und lassen den Kopf ins Kissen sinken. Sie würden am liebsten gleich einschlafen, aber es gelingt nicht – der Stress des Tages ist immer noch in Ihrem Kopf. Die Bilder der erlebten Hektik erscheinen vor dem inneren Auge. Es ist eine Rückblende, ein Tanz der Gedanken, die vorbeiziehen und uns wachhalten. Da hören wir es auf einmal – am Anfang ganz leise, dann immer lauter. Ein Geräusch im Ohr, ein Pfeifen, ein Brummen, ein Singen, ein Sausen. Es ist ein eintöniges Signal, das umso lauter und klarer wird, je mehr wir uns darauf konzentrieren.

Was ist das für ein Geräusch? **Es ist die Stimme des Gehirns!** Ein Ton, der durch den Kopf geht und uns sagt, wie es um uns steht. Je mehr wir uns darauf konzentrieren, desto lauter wird er. Wenn wir uns hingegen entspannen und ablenken, verschwindet der Ton meistens von allein wieder. Sind wir sehr aufgewühlt und dauerhaft gestresst, hält das Geräusch wie eine Alarmglocke im Kopf an. Die Medizin bezeichnet dieses Phänomen als Tinnitus, der unter anderem ein Zeichen der Überbelastung ist. Das Gehirn spricht mit uns, lässt die Alarmglocken läuten und beklagt sich, dass wir mit uns selbst schlecht umgehen. Eine wichtige Botschaft, die wir ernst nehmen sollten.

Homo sapiens, wo bist du?

Wir haben also das Glück, nicht nur einen funktionierenden Denkapparat zu besitzen, sondern auch körpereigene Alarmsysteme. Wie gesagt, der beste Computer der Welt! Das Gehirn, unser individueller Wegweiser, ist somit eines unserer wichtigsten Organe und wir sollten ihm vertrauen. Ja, Sie haben richtig gehört: Vertrauen ist das, was wir unserem Hirn schuldig sind. Zu lange haben wir uns in den letzten zwanzig Jahren so verhalten, als bräuchten wir unseren eigenen Kopf nicht mehr. Blindlings haben wir unser Leben in die Hände von digitalem Code gegeben, von Einsen und Nullen, von Programmen und Computern. **Lieber Homo sapiens! Wo sind deine Intelligenz und dein Wissen geblieben?** Brauchst du wirklich die ganzen Tasten, Bildschirme und Apps, um im Leben zurechtzukommen? Wie viel „sapiens" [lat. verständig, vernünftig, klug, weise, einsichtsvoll] ist von dir geblieben?

Wir müssen unserem Verstand nicht nur das Vertrauen schenken, uns unversehrt durch das Leben zu führen. Unser Verstand sollte auch entscheiden, welchen Stellenwert wir den ganzen Monitoren und dem Wunderkästchen in unserer Hosentasche beimessen sollen. Es ist an der Zeit, dass wir aufwachen und uns daran erinnern, dass wir immer noch zur Spezies Homo sapiens gehören. Das ist der erste Schritt, den wir alle machen müssen, Smombies wie Oldies. Der erste Schritt auf dem Weg zur Wiederherstellung des Menschseins. **Wir können und müssen uns mit Stolz eingestehen, dass wir immer noch eine eigene Meinung und Entscheidungsfreiheit haben!** Von diesen Fähigkeiten sollten wir auch und gerade im digitalen Zeitalter Gebrauch machen.

Zweiter Schritt: sich empören

Es ist Samstagabend, ich bin zusammen mit meiner Frau bei einem Kollegen zum Abendessen eingeladen. Er und seine Gattin empfangen uns herzlich, wir setzen uns ins Wohnzimmer und plaudern vor dem offenen Kamin. Ihre beiden Söhne Paul (8) und Lukas (11) kommen hereingerannt, nach einem kurzen Hallo zieht mich der Jüngere am Ärmel und sagt begeistert, er müsse mir etwas „Bäriges" zeigen. Paul führt mich in sein Schlafzimmer, Lukas kommt auch mit. Nach kurzem Herumtippen erscheint auf dem Laptop des Achtjährigen ein Video mit dem Titel „Unruhen in Somalia". Die Augen der beiden Jungs leuchten, ihr Blick wechselt zwischen dem Bildschirm und mir. Sie wollen sichergehen, dass ich auch wirklich zuschaue. Ich sehe die Bilder einer Protestkundgebung. Leute laufen und schlagen auf andere ein. Ich staune über die Gewaltszenen. Plötzlich sagt Lukas: „Schau, jetzt wird's interessant!" Ich sehe vier halb verkohlte Männer, die an einem Strick durch die Straßen geschleift werden, umgeben von einer laut jubelnden Schar aus Kindern und Erwachsenen, die tanzen und singen. Die Geschwister schauen mich mit begeisterten Augen und voller Stolz an. Paul staunt: „Hast du gesehen, der eine Verbrannte hat noch gezappelt!"

Ich bin fix und fertig und frage die zwei kleinen Buben, wie sie an diese grausamen Bilder gekommen sind. **„Das ist ja auf YouTube, das kann jeder sehen!",** antworten sie. Ich bin sprachlos! Später am Abend frage ich meinen Freund unter vier Augen, ob die Kinder denn wirklich einen eigenen Computer im Zimmer haben müssen. „Ja, den brauchen sie für die Schule! Anders geht es heutzutage nicht mehr!", lautet seine Antwort.

Was würden Sie machen, wenn wildfremde Menschen in Ihr Haus eindringen, ins Kinderzimmer schleichen, sich Ihren Kindern als Lehrer vorstellen und ihnen dann eine lebhafte Lektion über blutige Massaker, Enthauptungen, Gewaltpornografie und furchtbare Unfälle erteilen würde? Würden Sie nicht gleich die Polizei rufen oder den Bösewicht aus Ihrer Nachbarschaft vertreiben? Müsste so ein Mensch nicht für mehrere Jahre in den Knast?

Dieses traurige Erlebnis, das ich immer noch vor Augen habe, zeigt eigentlich, wie verwundbar wir durch das Internet geworden sind. Ironischerweise versuchen wir, unsere Kinder im besten sozialen Umfeld aufzuziehen, aber im Netz lassen wir sie täglich in den Krieg ziehen, denn **Gewalt und Horrorszenen stehen hier an der Tagesordnung.** Wir erlauben ihnen sogar, ins digitale Rotlichtmilieu zu spazieren, wo die Perversion keine Grenzen kennt.

Das Schlimme an der Sache ist, dass wir uns darüber keine Gedanken mehr machen. Wir haben eine breite Straße angelegt und das Tor zu unserer Privatsphäre geöffnet. Was uns über diesen Weg alles vor Augen geführt wird, können wir kaum noch kontrollieren. Stattdessen hat jemand anderes die Kontrolle und macht obendrein noch viel Geld damit. Ist das nicht unerhört?

Jetzt können und sollten wir uns frei empören! Dies ist nicht nur unser Recht, sondern auch unsere Pflicht. Wie kann es sein, dass die Herren vom Silicon Valley durch ihre Technik in unsere Häuser schleichen und uns sowie unsere Kinder mit kostenlosen Informationen traumatisieren? Wir schauen auch noch untätig zu oder weg und kaufen fleißig Smartphones und Laptops, damit die Jugend noch besser vernetzt ist und wir uns über alle möglichen Horrorgeschichten auf der Welt informieren können.

Ist es nicht an der Zeit, dass wir aus unserem **digitalen Winterschlaf** erwachen und als Eltern sämtliche Kräfte bündeln, um etwas dagegen zu unternehmen?

Dritter Schritt: Eltern sein

Die ersten Schritte sind gemacht! Wir sind aufgewacht, wir haben verstanden, dass wir doch noch unseren Verstand verwenden sollen und uns nicht alles gefallen lassen müssen. Als erwachsene, mündige Bürger tragen wir eine Verantwortung uns, unseren Kindern und der Gesell-

schaft gegenüber. Unser Verstand hilft uns dabei, wir brauchen wieder Vertrauen in unsere Kräfte. Erziehen ist nie einfach gewesen, doch die digitale Zeit hat viele neue Herausforderungen mit sich gebracht, die diesen Job nicht gerade erleichtern.

Erziehung unterliegt dem Wandel der Zeit: Wir sind vom autoritären zum antiautoritären Erziehungsstil übergegangen, Kindern und Jugendlichen wurden immer mehr Rechte eingeräumt, während ihre Pflichten stetig abgenommen haben. Die Eltern haben dabei einen wichtigen Teil ihrer Rolle eingebüßt, was zu Unsicherheit auf beiden Seiten geführt hat: Man war sich plötzlich nicht mehr bewusst, was Erziehung bedeutet. Erziehen heißt, Kinder mit der eigenen Lebenserfahrung zu begleiten und ihnen Ratschläge zu erteilen, sie zu führen und ihnen Halt zu geben, entsprechend ihrem Alter und ihrer Reife. Ein Erzieher sollte immer auf dem Stand der Dinge sein, er sollte nicht schlafen, während die Welt sich weiterentwickelt. Doch am wichtigsten ist es, **Kindern ein Vorbild zu sein.**

Die Anstrengung, ein Vorbild zu sein

In der Bibel sagt Jesus zu den Juden, die eine Ehebrecherin steinigen wollen: „Wer ohne Sünde ist, soll den ersten Stein werfen!" Eine kühne Aufforderung, die sich auch an die Erzieher der heutigen Zeit richtet: Es ist einfach, ein Prediger zu sein und seine Kinder dazu aufzufordern, das Smartphone auszuschalten. Diese Predigten sind selten zielführend, denn die Erwachsenen sind mitunter dieselben Smombies. Kinder sehen und urteilen ohne Hemmungen über alles, was um sie herum passiert. Sie machen das nach, was sie bei anderen beobachten. Daher gilt: Wenn Eltern bei ihren Kindern etwas erreichen wollen, ist es immer noch am besten, **es ihnen vorzuleben.** Also, liebe Eltern! Was leben Sie Ihrer Familie vor?

Was soll ein Jugendlicher davon halten, wenn man ihm den Bildschirm verbietet und selbst jeden Tag stundenlang davorsitzt? Wie kann man seiner Tochter sagen, sie soll sich von Instagram abmelden, wenn man selbst facebooksüchtig ist? Wie kann man seinen Sohn an die frische Luft schicken, wenn man selbst den ganzen Tag mit dem Tablet auf dem Sofa verbringt? Wie soll man bei seinen Kindern Begeisterung zum Sport vermitteln, wenn man selbst übergewichtig und bewegungsfaul ist, weil man lieber Fußball auf dem Smartphone streamt, statt selbst zu spielen? Wie soll man die Jugendlichen für Erlebnisse in der Natur begeistern, wenn man am Wochenende selbst wie eine Staubmilbe daheim herumgammelt? Wie soll Kommunikation in der Familie stattfinden, wenn man am Esstisch selbst WhatsApp-Nachrichten verschickt und herumtelefoniert? Wie soll man als Mutter ein tiefes Gespräch mit der erwachsen werdenden Tochter führen, wenn man ihr selbst nur mit halbem Ohr zuhört, wenn sie einmal etwas erzählt, weil man YouTube eigentlich interessanter findet? Wie soll man sich am Abend gemeinsam über die Erlebnisse des Tages austauschen, wenn sich jeder in sein Zimmer verkriecht und dort Netflix oder YouTube schaut?

Die Liste der Fragen könnte ewig so weitergehen. Wenn es um digitale Medien geht, ist keiner von uns unschuldig. Wollen wir Erwachsene aber unsere Rolle als Erzieher beibehalten und glaubwürdig erscheinen, müssen wir selbst einen neuen Verhaltenskodex befolgen. Die Kinder werden uns beobachten und es uns nachmachen – im Guten wie im Schlechten.

Vierter Schritt: abschalten

Wo sollen wir anfangen? Wenn Sie einer der Glücklichen sind, der die moderne Technik zwar beherrscht, aber auch ohne soziale Plattformen leben kann und keine Entzugserscheinungen bekommt, wenn der Computer oder das Smartphone mal ein paar Tage ausgeschaltet bleiben, brauchen Sie sich keine Sorgen zu machen. Sie sind die Ausnahme und ich rate Ihnen, nur so weiterzumachen und Ihre Freiheit zu genießen.

Wenn Sie aber wie ich zu den 99 Prozent der Internetnutzer gehören, die sich auch nur ein wenig mit dem Bild des Smombies identifizieren, auf den die lange Liste der Digitalisierungsschäden wartet, sollten Sie schleunigst versuchen, sich von der digitalen Krankheit zu befreien und den Gebrauch Ihrer digitalen Geräte einzuschränken, bevor auch Sie als potenzieller Suchtpatient beim Psychiater landen.

Sie denken, aller Anfang ist schwer? Von wegen! Es ist ein Kinderspiel und dauert nur wenige Sekunden: Nehmen Sie Ihr Smartphone in die Hand und halten Sie die Ausschalttaste gedrückt. Das Wunderkästchen wird Ihnen nicht gleich gehorchen und Sie fragen, ob Sie es denn wirklich ausschalten wollen – lassen Sie sich davon nicht beirren und bestätigen Sie. Dann ist es soweit: Das Licht am Bildschirm verschwindet und die digitale Welt ist weg. **Willkommen in der analogen Welt! Willkommen zurück im Leben!** Ich glaube, ich brauche gar nicht zu betonen, wie wichtig dieser Schritt für jeden von uns ist. Probieren Sie es einfach mal aus, am besten jetzt sofort! Der Ausweg aus der digitalen Falle ist einfach: So lange wie möglich offline, so kurz wie nötig online.

Jetzt werden einige wieder jammern: „Da ist es wieder, dieses kompromisslose Steinzeitdenken. Wir sind erwachsen und wissen schon, wie wir mit unseren Geräten umgehen sollen!" Das stimmt aber nicht, wir glauben nur, es zu wissen. Die Realität ist, dass wir uns wenig bis gar nicht informieren, in unserer Eitelkeit glauben, immun gegen den Digitalismus zu sein, nichts zu unserem Selbstschutz unternehmen, unsere Kinder krank werden lassen und uns immer stärker im Netz verfangen. **Unser Finger am Ausschaltknopf ist das beste Gegengift!** Es ist der Beweis dafür, dass wir noch da sind und etwas zu sagen haben. Der Bildschirm, der sich verdunkelt, ist der Schritt zurück in unsere Individualität, in die Ruhe, und befreit uns vom Kontrollsystem und vom Werbesturm, dem wir uns selbst ausgeliefert haben. Es ist unser Aufschrei als Menschen, die im Sumpf des Internets nicht untergehen wollen. Es braucht Geduld und Mut, Ehrlichkeit und eine starke Selbstdisziplin, um sein aktuelles Lebensmodell umzuwälzen und den Entzugserscheinungen zu trotzen. Sie werden am eigenen Leib erfahren, wie sehr Ihre Psyche am Bildschirm hängt und wie viel Überwindung es kostet, seine Netzgewohnheiten einzuschränken und das Gerät auszuschalten. Der hochgepriesene Heilsbringer namens Digitalisierung, dessen Gott die Vernetzung ist, hat uns alle in seinen Bann gezogen – stärker als wir glauben.

Fahrplan zum Abschalten

Kurosch Yazdi, den Sie bereits kennengelernt haben, betont im *Kurier* die absolute Notwendigkeit des Abschaltens. Er hat einen Fahrplan für die Rückkehr ins echte Leben erstellt. Ich erlaube mir, die Stationen daraus zu zitieren:

Einsicht: Finden Sie heraus, ob Sie wirklich süchtig sind, stellen Sie sich dafür z. B. folgende Fragen: Gilt mein erster Blick morgens dem Smartphone? Habe ich den Drang, alles, was ich erlebe, auf Facebook zu posten? Nehme ich meine reale Umgebung kaum noch wahr, weil ich nur noch auf das Handy starre? Habe ich Angst, nicht genügend Likes zu bekommen? Habe ich mein reales Leben bereits meinem Social-Media-Konsum untergeordnet? Führen Sie dafür eine Woche lang ein Social-Media-Konsumtagebuch oder bitten Sie Familie und Freunde um deren Meinung.

Entscheidung: Fragen Sie sich, ob Sie überhaupt in die reale Welt zurück möchten. Hindert Sie Ihr digitales Leben daran, im echten Leben weiterzukommen, also etwa, einen Partner zu finden oder im Job aufzusteigen? Eine Pro- und Contra-Liste kann dabei helfen: Welche Vorteile hätte es, den digitalen Konsum einzuschränken, welche Nachteile?

Absprung: Wenn Sie sich gut unter Kontrolle haben, reduzieren Sie Ihren Social-Media-Konsum langsam (etwa um zwei Tage pro Woche), ansonsten wählen Sie den radikalen Weg und löschen die App. Suchen Sie sich eine Wohnung in der realen Welt. Nein, kein neues Dach über dem Kopf – sondern Beschäftigungen oder Freunde, mit denen Sie sich im wirklichen Leben treffen können. Das kann im Übrigen auch eine On-line-Bekanntschaft sein.

Notfallkoffer: Der Abschied von Social Media ist nichts weiter als eine Reise an einen anderen Ort. Für den Fall eines Rückschlags entlang des Wegs, also dem unbedingten Verlangen, die App zu checken, packen Sie einen imaginären Notfallkoffer. Der Inhalt hängt von Ihren Interessen ab. Sie sporteln gerne? Dann gehören die Laufschuhe hinein. Sie lieben Filme? Dann das aktuelle Kinoprogramm. Sex ist immer eine gute Ablenkung; für diesen Fall halten Sie die Telefonnummer der in Frage kommenden Person parat.

Leben: Starten Sie mit Entschleunigung: Setzen Sie sich auf eine Parkbank und schauen Sie zehn Minuten in die Luft. Machen Sie es anders als die anderen und starren Sie in der U-Bahn nicht in das Smartphone, sondern nutzen Sie die Zeit, um zu entspannen und nichts zu tun. Genießen Sie die Zeit ohne Ablenkung und denken Sie immer daran, dass Sie ein physisches, kein digitales Wesen sind. Wir alle brauchen Berührungen, Augenkontakt, Wärme und hie und da ein echtes Lächeln statt eines schnell hingerotzten Smileys.

Jetzt fehlt nur noch ein Schritt ins neue Leben, und der heißt Teilnehmen. Er beginnt damit, Dinge bewusst wahrzunehmen: Freuen Sie sich darüber, dass es einen Kuss oder einen Sonnenstrahl auf der Haut nur im echten Leben gibt. Überlegen Sie, was Sie mit der vielen freien Zeit anstellen möchten, die Sie durch das Abschalten gewonnen haben.

Verhaltenskodex in der digitalen Zeit

Meine Komplimente, liebe Leser! Der größte und wichtigste Schritt ist geschafft! Der Bildschirm leuchtet nicht mehr und Sie haben zwei Dinge zurückbekommen, die Sie wahrscheinlich schon lange nicht mehr hatten: Zeit und Ruhe. Seien Sie stolz auf sich und seien Sie sich bewusst, dass Sie etwas ganz Wichtiges erreicht haben: Die Bestätigung, dass immer noch Sie es sind, der das Lenkrad in der Hand hält. Genießen Sie diesen Augenblick! Wie lange es dauern wird, bis Sie wieder rückfällig werden, wissen wir nicht. Viele digitale Anwendungen sind aus unserem Alltagsleben kaum noch wegzudenken und zahlreiche Aufgaben können über den Computer oder das Smartphone einfacher und effizienter abgewickelt werden.

Ich frage mich selbst, wie ich darauf verzichten soll, mit meinen Kollegen via E-Mail Krankheitsbilder zu besprechen, meiner Familie mitzuteilen, dass ich später nach Hause komme oder der Großmutter ein Foto meiner Tochter im Ballkleid zu senden. Wie soll ich darauf verzichten, die aktuellsten Nachrichten auf dem Tablet zu lesen und die Wettervorhersage auf dem Handy abzurufen? Wie soll ich mich ohne Navigationsapp in einer fremden Stadt orientieren? Wir müssen uns eingestehen: Ganz ohne Smartphone geht es heute einfach nicht mehr, die Welt tickt im Rhythmus der Vernetzung. Wir können nicht immer abschalten und müssen uns auf ein Zusammenleben mit den digitalen Wunderwerken einstellen.

Jedes Zusammenleben erfordert Regeln. Wenn wir uns nun aber vor Augen führen, wo wir das Wunderkästchen überall dabeihaben – auch im Schlafzimmer und selbst beim Gang zur Toilette – zeigt sich, dass unser „externes Gehirn" keine Regeln kennt. Der alles besserwissende Bildschirm hat das gesellschaftliche Zusammenleben durcheinandergebracht. Unsere schlechten digitalen Angewohnheiten erfordern dringend einen Benimmkodex, der die Lebensgemeinschaft Mensch-Smartphone vernünftig regelt.

Der totale Erziehungsnotstand

Baden-Baden, 4. April 2009. Nato-Gipfel mit allen Präsidenten der Nato-Länder: Es geht um das wichtige Abschlussfoto mit allen beteiligten Politikern. Angela Merkel wartet als Gastgeberin am Rheinufer auf die anderen Staatschefs, die in schwarzen Limousinen angefahren kommen. Einer nach dem anderen steigt aus und begrüßt sie mit dem ihr gebührenden Respekt.

Einer aber macht es anders: Der damalige italienische Ministerpräsident Silvio Berlusconi verlässt den Wagen telefonierend, winkt der Kanzlerin zu, kehrt ihr den Rücken zu und spaziert das Rheinufer entlang. Während alles auf ihn wartet, telefoniert er unbeirrt weiter und lässt seine Amtskollegen links liegen. Schließlich wird das Foto ohne Berlusconi gemacht, die Presse reagiert empört. In einer Stellungnahme des Palazzo Chigi heißt es, Berlusconi habe mit dem türkischen Ministerpräsidenten Erdogan telefoniert.

Sicher war es ein wichtiges Telefongespräch zwischen Staatsmännern, aber Berlusconi hat durch sein Verhalten gezeigt, dass er keinen Anstand hat und den Stellenwert eines persönlichen Treffens hochrangiger Politiker im Vergleich zu einem banalen Telefongespräch nicht erkennt. Da nutzen Wichtigtun und Staatsamt nichts – auch ein großer Politiker macht eine schlechte Figur, wenn er sich nicht zu benehmen weiß.

Und diese schlechte Figur, liebe Leser, macht nicht nur Berlusconi, sondern wir alle. **Schuld daran ist nicht unser Smartphone, sondern die schlechten Manieren, die wir uns durch seine Nutzung angewöhnt haben.** Des Bildschirms zugunsten ist der persönliche Kontakt zu unseren Mitmenschen zweitrangig geworden. Wir treffen uns in der realen Welt, sprechen miteinander, schauen uns in die Augen, aber sobald das Handy klingelt, unterbrechen wir unsere Konversation und drehen unserem Gegenüber wie Berlusconi den Rücken zu. Das wirkt so, als sagten wir unserem Gesprächspartner: „Tschüss, du interessierst mich nicht mehr" oder: „Hau ab, verschwinde, ich habe Wichtigeres zu tun!".

Dies ist nur ein Beispiel unserer vielen Verhaltensmuster, die sich im Laufe der letzten Jahre in unser Benehmen eingeschlichen haben. Viele von uns empfinden solche Verhaltensweisen vielleicht gar nicht als unhöflich.

Kein Wunder, denn beim Smartphone handelt es sich um eine relativ junge Erfindung. Wer damit aufgewachsen ist, empfindet seine permanente Anwesenheit als unproblematisch, ja sogar als notwendig. Die vielen negativen Begleiterscheinungen der Handynutzung fallen den meisten gar nicht mehr auf. Manchmal ist es direkt peinlich, wie ungezogen, respektlos und unhöflich wir geworden sind. Das Handy läutet im Theater, es piepst in der Kirche, es singt in der Bibliothek, man hört alles von ACDC bis hin zum Titellied des Films *Titanic*. Ob wir andere stören, wenn wir im Zug oder im Wartesaal lauthals telefonieren, darüber macht sich kaum einer Gedanken. Es ist zur Normalität geworden, dass Freunde oder Verwandte beim Mittagessen wegen eines unwichtigen Anrufes das Gespräch unterbrechen und in unserer Anwesenheit ungeniert telefonieren, in aller Ruhe.

Mich beunruhigt nicht so sehr die Respektlosigkeit des Telefonierenden seinen Freunden gegenüber, sondern vielmehr die Akzeptanz durch diese, als ob sein Verhalten die natürlichste Sache der Welt wäre. Es ist höchste Zeit, dass wir **neue Verhaltensregeln bei der Verwendung von digitalen Geräten in der Öffentlichkeit und im Haushalt** einführen!

Das Einmaleins des guten Tons

Es gibt Anstandsregeln, die sich durch Überlieferung in unserer Gesellschaft etabliert haben und die wir befolgen, ohne lange darüber nachzudenken. Selbstverständlich sagen die meisten von uns „bitte" und „danke", grüßen die Nachbarn oder halten anderen Menschen die Tür auf.

Wenn es aber um das Handy geht, fehlt uns häufig das „Einmaleins des guten Tons". Ein **Smartphone-Knigge** soll uns höfliches, rücksichtsvolles

181

Auftreten lehren – in der Familie, bei der Arbeit, in der Schule, unter Freunden und gegenüber Fremden in der Öffentlichkeit. Durch die Befolgung der Smartphone-Etikette zeigen wir unseren Mitmenschen gegenüber Empathie und zollen ihnen Respekt.

An einen Onlineartikel des Mobilfunkanbieters „Smartmobil.de" angelehnt, möchte ich hier einige grundlegende Benimmregeln auflisten:

Die Person gegenüber hat Vorrang

Vielleicht ist Ihnen bei einem Treffen mit Verwandten oder Bekannten schon einmal passiert, dass sich Ihr Gegenüber mehr für sein Smartphone als für Sie interessiert hat. Das ist ein Zeichen von Desinteresse und vermittelt dem anderen das Gefühl, nicht wichtig zu sein. Daher sollten wir das Smartphone zur Seite legen und dem Gesprächspartner unsere ungeteilte Aufmerksamkeit zukommen lassen.

Smartphone weg vom Tisch

Im Restaurant ist es gang und gäbe, das Smartphone vor sich auf den Tisch zu legen. Auch wenn der Bildschirm aus ist: Bereits das Gefühl, dass der andere digital auf Abruf steht und auf eine scheinbar wichtige Benachrichtigung wartet, nimmt dem Beisammensein jegliche Entspannung und Gemütlichkeit. Daher ist der ständige Blick auf den Bildschirm ein absolutes No-Go im Handy-Knigge. Besser ist es, das Smartphone in der Hand-, Hosen- oder Jackentasche zu lassen – am besten ausgeschaltet oder zumindest lautlos.

Diskretion bei Telefonaten

Egal ob im Bus, Restaurant oder Wartesaal: Telefonieren Sie mit gedämpfter Stimme! Niemanden interessieren Ihre Beziehungsprobleme, der belanglose Tratsch mit Ihrem Kollegen oder die Terminvereinbarungen mit Ihrem Geschäftspartner. Durch laute Telefongespräche wirken Sie weder cool noch wichtig.

An bestimmten Orten wie Konzertsälen, Kirchen, Theatern, Bibliotheken und Arztpraxen sollten Sie ganz auf das Telefonieren verzichten – Notfälle ausgenommen, versteht sich. Für die Dauer der Veranstaltung oder des Termins sollten Sie Ihr Handy ausschalten oder zumindest lautlos stellen.

Grundsätzlich gilt: Halten Sie sich bei Telefonaten in der Öffentlichkeit kurz, seien Sie diskret und Passanten gegenüber durch das Telefonieren nicht aufdringlich.

Laute Klingeltöne in der Öffentlichkeit vermeiden

Besonders unangenehm ist es, wenn das Smartphone der Großmutter während der Sonntagsmesse auf einmal den von ihren Enkeln eingestellten Klingelton „Highway to Hell" in voller Lautstärke wiedergibt. Uns allen passieren solche Peinlichkeiten hin und wieder. Um sie zu vermeiden, sollten Sie es sich angewöhnen, die Lautstärke Ihrer Klingeltöne auf einen vernünftigen Pegel abzusenken und das Smartphone beim Betreten von öffentlichen Einrichtungen oder Verkehrsmitteln stumm oder auf Vibration zu schalten. Sprachnachrichten, Videos, Audiopodcasts – kurzum alles, was eine Audioausgabe erfordert, sollten Sie im Beisein anderer nur über Kopfhörer aufrufen. Vermeiden Sie es, Ihren Freunden im Zug oder im Wartesaal lustige Videos oder Ihr neues Lieblingslied über den Lautsprecher zu zeigen.

Nicht zum Paparazzo werden

Obwohl unsere Smartphones mittlerweile mit Kameras ausgestattet sind, die es beinahe mit Spiegelreflexkameras aufnehmen können, sollten wir nicht zum Paparazzo werden, der andauernd alles fotografiert und filmt. Ob wir nun Menschen mit blauer Stehfrisur, Clownschuhen oder lustiger Brille auf der Straße sehen – es steht uns nicht zu, sie ungefragt abzulichten. Insbesondere sollten wir es lassen, diese heimlichen Schnappschüsse dann auch noch zu versenden oder gar öffentlich zu posten.

Sei kein Smombie, schau auf die Straße!

Hin und wieder sieht man einen Smombie gegen einen Laternenpfahl laufen. Noch gefährlicher ist es, auch noch Kopfhörer zu tragen, während man aufs Smartphone starrend durch die Gegend irrt und schließlich vor einem Auto oder der Straßenbahn landet. Ein kurzer Blick aufs Handy ist in Ordnung (bloß nicht auf dem Zebrastreifen!), aber wir müssen uns immer bewusst sein, was um uns herum gerade passiert. Ansonsten gefährden wir uns selbst und andere.

Dauerreportage bei Konzerten nervt

Endlich haben Sie es auf das Konzert Ihres Lieblingssängers geschafft! Das Ticket hat zwar ein Vermögen gekostet, doch einmal im Leben wollten Sie ihn live sehen, fast zum Greifen nah. Nach Stunden in der Warteschlange werden Sie in die Arena gelassen und haben sich vier Meter von der Bühne entfernt aufgestellt. Endlich ist es soweit, und der Star betritt die Bühne! Doch Sie sehen ihn nicht einmal, Sie sehen ihn nur hundertfach auf klitzekleinen Bildschirmen, die von den anderen Zuschauern das ganze Konzert über in die Höhe gehalten werden. Lassen Sie das ständige Filmen und Fotografieren bei Konzerten. Machen Sie lieber ein, zwei Schnappschüsse und genießen Sie den Abend!

Beachtet man die wichtigsten Regeln des **Smartphone-Knigges,** macht man im modernen digitalen Alltag immer eine gute Figur. Jeder kann mit gutem Beispiel vorangehen. Zeigt man Manieren und Stil, hinterlässt man im Arbeits- und Privatleben einen guten Eindruck.

Das Wichtigste ist aber das Bild, das die Jugendlichen von ihren Eltern vermittelt bekommen. Denn nun kommt das schwierigste Kapitel dieses Buches: Wie sich Alt und Jung im Netz wiederfinden.

Dialog mit den Smombies

Nun ist es soweit: Wir haben unser Nichtwissen und unsere Gleich-gültigkeit beseitigt. Wir haben verstanden, dass wir unseren Kindern gegenüber eine wichtige Vorbildfunktion haben und uns **zum Abschalten entschlossen.** Wir sind bereit, zusammen mit unseren Kindern im Chaos der digitalen Welt eine andere Richtung einzuschlagen.

Ich hoffe, dass es uns nun gelingt, den Dialog mit der jungen Genera-tion wieder aufzunehmen. Zuvor gibt es aber noch ein paar Hürden zu überwinden – Smombies sind nämlich schwer anzusprechen und noch schwerer zu überzeugen. Zu ihnen einen guten Draht aufzubauen ist kompliziert. Wie in den Kapiteln über den Narzissmus und die Einsam-keit im Netz beschrieben wird, sind die Teenies in den letzten Jahren zu gesellschaftsscheuen Einzelgängern geworden. Daher ist der Dialog keineswegs selbstverständlich. Es braucht vonseiten der Erwachsenen Verständnis, Einfühlungsvermögen und Respekt, wenn sie in die Welt der Smombies eintreten wollen.

Die Oldies und die Demut der digitalen Einwanderer

Die sechs Kategorien von Oldies haben trotz ihrer unterschiedlichen Meinungen eine gemeinsame Eigenschaft: Sie alle sind **„Einwanderer" in die digitale Welt**, weil sie erst irgendwann im Laufe ihres Lebens in sie eingetreten sind. Das ist die erste Erkenntnis, mit der wir die Dis-kussion angehen.

Wenn es also um neue Medien geht, so werden wir mit unserem be-schränkten Wissen und unserem unbeholfenen Herumtippen auf der Smartphone-Tastatur zwar toleriert, aber unseren digitalen Kindern hin-ken wir immer um ein paar Schritte hinterher. Trotz Computerkursen und stundenlangem Herumprobieren müssen wir uns damit abfinden. Es ist nicht einfach, sich das einzugestehen und sich von unseren Teenagern belehren zu lassen.

Dennoch ist es der beste Weg, um einen Dialog aufzubauen. Zeigen Sie sich interessiert und lernwillig, aber vor allem: **Vergessen Sie Ihr Alter!** Diesmal sind Sie nicht Lehrer, sondern Schüler.

Auch mal jung gewesen?

Machen wir eine kurze Reise in unsere Jugendzeit. Erinnern Sie sich noch an die Plattenspieler der Sechzigerjahre und die Kassettenrekorder der Siebzigerjahre, durch die es zum ersten Mal möglich war, auf einem Tonträger selbst etwas aufzunehmen? Fasziniert saßen wir vor den Lautsprechern und hörten Tag und Nacht Musik.

Die Kommentare unserer Eltern waren: „Sofort abschalten! Das ist ja furchtbar und zu laut obendrein! Ihr werdet alle einmal schwerhörig werden!" War es nicht so? Wie viele Verhaltensweisen der Jugend kommen älteren Menschen befremdlich vor, nur weil es etwas Neues ist, das sie selbst nicht kennen? Es ist immer so gewesen und wird auch immer so sein. Besonders wenn es um technische oder gesellschaftliche Veränderungen geht, zeigen die Älteren immer eine bestimmte Abwehrreaktion.

Daher vergessen Sie nie, dass Sie selbst auch einmal jung gewesen sind und offen für viele neue Trends waren. Versuchen wir darum einmal anders zu reagieren, wenn wir **Einsicht in die Welt unserer Kinder** erhalten wollen. Vielleicht kommen wir dadurch unseren digitalen Kids einen Schritt näher.

Digitale Geräte: Kennenlernen und das Gute herausfischen

Wollen wir den Austausch zwischen Smombies und Oldies aufbauen, müssen wir Vorurteile abbauen. „Alles was digital ist, muss nicht unbedingt bekämpft werden", betont der Hirnforscher Manfred Spitzer. Er ist der Meinung, dass Fortschrittsglaube nicht zwangsläufig krank macht, auch wenn wir im dritten Jahrtausend internetabhängig geworden sind. So ist und war das doch mit jeder neuen Technologie. Seit Urzeiten haben wir uns von den Früchten, die der menschliche Erfindergeist hervorgebracht hat, abhängig gemacht. Wer wollte denn noch zu Fuß gehen, nachdem das Auto erfunden wurde? Wer wollte noch mit Hand abschreiben, nachdem Gutenberg den Buchdruck erfunden hatte? Bevor ich umständlich Landkarten und Telefonbücher aus den verstaubten Regalen zerre, gucke ich doch lieber mal eben schnell im Netz nach. Wenn ich mich mit mehreren Freunden spontan zum Grillen verabreden will, richte ich eine Facebook-Gruppe ein und sende ihnen bequem eine digitale Einladung. Ich finde das Internet nützlich, genial, eine großartige Erfindung. Genauso, wie ich gerne hin und wieder ein Glas Wein trinke. Trotzdem bin ich weder alkohol- noch internetsüchtig. Wenn das Internet einmal ausfällt, kann ich immer noch das Lexikon zur Hand nehmen.

Also: keine Vorurteile! Seien wir keine Steinzeit-Oldies in unserer festgefahrenen Meinung über die digitalen Geräte. Bleiben wir offen. Wichtig ist, seinen eigenen Weg zu finden und das Beste daraus zu machen. Wir können nämlich keinen Dialog zur Jugend aufbauen, wenn wir das Thema von vornherein verteufeln.

Sich annähern und verstehen

Was nun? Unser Smombie liegt wie immer auf der Couch, konzentriert auf seinen Bildschirm. Sie setzen sich friedlich zu ihm. Sie beginnen nicht zu predigen, nein, Sie fragen ihn etwas über die Funktionsweise Ihres eigenen Handys. Da kann er Ihnen sicher behilflich sein. Es ist ein Versuch, wie Sie vielleicht mit Ihrem digitalen Nachwuchs ins Gespräch kommen könnten.

Wichtig ist, dass Sie ein Argument zum Thema Web finden, mit dem Ihr Nachwuchs etwas anfangen kann. Sie können alle möglichen Neuigkeiten anschneiden, die Sie über die digitalen Medien gehört haben. Wichtig ist, dass die Jugend dabei die Ohren spitzt und sich angesprochen fühlt. Vielleicht finden Sie sich plötzlich auf einer Gesprächsebene wieder, in der Ihr Kind Ihnen Einblick in sein digitales Wissen gewährt und Sie etwas Interessantes dazulernen. Wir Oldies müssen zugeben, dass die Genialität der Computerfreaks überwältigend ist. Wir können zwar eine andere Meinung vertreten, aber die täglich neuen Erfindungen im digitalen Bereich sind, abgesehen von den Langzeitproblemen, die sie mit sich bringen, unglaublich. Daher ist es das Beste, sich die Dinge einfach einmal von den Kindern erklären zu lassen. Die werden sich freuen, einmal selbst Lehrer spielen zu dürfen.

Jetzt, wo Sie auf derselben Gesprächsebene mit Ihrem Nachwuchs stehen, erzählen Sie ihm, dass es eine neue Funktion gibt, die die Zeit, die man mit dem Handy verbringt, genau misst und analysiert. Das iPhone verbirgt dieses „Feature" in seinen Einstellungen, bei Android wird die Gratisapp **„Digital Wellbeing"** benötigt. Bei beiden sehen Sie genau, wie lange Sie am Bildschirm waren, wie lange in welchem sozialen Netzwerk, in welcher App, wie oft Sie das Handy angeschaltet haben, wie viele Mitteilungen Sie erhalten haben und so weiter. Es ist erschreckend zu erkennen, wie lange man vor dem Bildschirm sitzt, ohne sich dessen überhaupt bewusst zu sein. Sind die Kinder noch jünger, gibt es übrigens eine App namens **„Family Link",** mithilfe dieser ein Elternteil über sein eigenes Smartphone die Basisregeln der Handy-Nutzung des Kindes regulieren kann. Nach der Verbindung der Geräte hat man Einblick auf die Apps, die das Kind verwendet, und kann diese für gewisse Zeiten freischalten oder sperren.

Nun ist der Moment gekommen, das Thema Zeit anzuschneiden: Erklären Sie Ihrem jungen Smombie, dass uns jeden Tag nur eine gewisse Anzahl an Stunden zur Verfügung steht. Analysieren Sie zusammen seinen All-tag: acht Stunden schlafen, zwei Stunden essen, sechs Stunden Schule, eine Stunde für Selbstpflege und Aufräumen, eine weitere Stunde für den Schulweg, drei Stunden für Hausaufgaben und Lernen – bleiben noch drei Stunden für Hobbys, Freizeit und Sport. Drei Stunden täglich, um das zu tun, was ihm Spaß macht und seine Jugend ausmacht. Das müssen Sie ihm einmal bewusst machen! Die Entscheidung, womit er diese Stunden verbringen möchte, liegt bei ihm. Wahrscheinlich wird ihn diese Zeitrechnung eher nachdenklich stimmen.

Vergleichen wir die eher knapp bemessene Freizeit mit der Zeit, die wir täglich am Handy verbringen, fragen wir uns: **Wo nehmen wir die Zeit her?** Wenn wir täglich nur drei Stunden Freizeit haben, die durchschnitt-liche Nutzungsdauer des Smartphones bei deutschen Teenagern aber viereinhalb Stunden am Tag beträgt, dann stimmt doch etwas nicht! Den Jugendlichen wird durch den „Digitalismus" das Wichtigste gestohlen, nämlich die Zeit, jung zu sein! Wie es wohl die südkoreanischen Kinder machen, die täglich bis zu sieben Stunden vor dem Smartphone ver-bringen?

Die verlorene Zeit

Erzählen Sie nun von sich selbst. Sprechen Sie zuerst ohne Hemmungen Ihre eigenen Zeitprobleme an: Erklären Sie, wie wertvoll Ihnen jeder Tag ist und wie uns allen die Zeit durch die Finger rinnt. Was wir Erwachsene alles gerne tun würden, und was wir nicht mehr machen können, weil uns die Zeit dazu fehlt. Fragen Sie den Smombie, ob er gleich empfindet und merkt, wie die Tage verfliegen, oft viel zu schnell, um alles unter einen Hut zu bekommen.

Dann sprechen Sie von Ihrem persönlichen Verhältnis zum Bildschirm, dass auch Sie durch das zu lange Davorsitzen häufig Zeit vergeuden und

Ihr Leben dadurch an Qualität und Vielfältigkeit einbüßen musste. Seien Sie konkret und zählen Sie auf, was Sie des Bildschirms wegen verpasst haben und wie unnütz oder unwichtig die meisten digitalen Inhalte sind. Dann fragen Sie den Jugendlichen, was er über seinen eigenen Zeitverbrauch denkt und ob ihn der ständige Besuch der sozialen Plattformen zufriedenstellt. Sie werden sehen, dass er das Problem kennt – Zeit ist ein allgemeines Problem bei Jung und Alt. Auch die süchtigsten Smombies haben ein schlechtes Gewissen, wenn man sie nach ihren Gefühlen fragt, nachdem sie stundenlang auf ihrem Handy herumgetippt haben. Die Jugendlichen stehen heute mit ihrer Tageseinteilung und den vielen zusätzlichen Aktivitäten, die ihnen häufig von uns aufgedrängt werden, genauso unter Druck wie wir. **Auch Kinder leiden unter Zeitdruck,** sie verstehen genau, dass sie drei Stunden am Tag mit dem Handy verlieren, in denen sie Sport, Musik, Kunst oder anderen Aktivitäten in der Gruppe nachgehen könnten. Sie sind nach dem Bildschirmgucken genau so leer und müde wie wir Erwachsenen und erfahren am eigenen Leib, dass sie wie gelähmt dagesessen sind, während sich die Welt weitergedreht hat und die kostbare Zeit für immer verloren gegangen ist.

Fragen sie einmal Ihren Zögling, wie viel Zeit ihm die sozialen Netzwerke täglich rauben. Wie viele reale Kontakte mit Menschen aus Fleisch und Blut er verpasst hat, wie vielen Freunden er in die Augen geschaut hat, mit wie vielen er gelacht, geredet, gespielt und gelernt hat, wie viel Zeit ihm täglich noch übrig bleibt, um Pflanzen, Tiere und besonders Menschen zu begegnen, sie anzufassen, zu riechen, zu streicheln und zu umarmen. Wie oft hat er gestritten und sich wieder versöhnt!

Am Ende fragen Sie ihn, wie es um seine Emotionen steht, ob ihm der Bildschirm genügt oder ob er etwas vermisst, ob er Träume hat, ob er glücklich ist und ob dieses Leben wirklich lebenswert ist. Scheuen Sie nicht vor so direkten Fragen zurück. Die Jugend ist viel ehrlicher und offener als wir Erwachsene, wenn es um **Grundsatzfragen des Lebens** geht.

Sie werden sehen, dass Ihr Nachwuchs Ihnen seine Seele öffnen und eher beschämt gestehen wird, dass ihn die Zeit am Smartphone nicht glücklich macht und er damit unfassbar viel Zeit verloren hat. Wenn es um Zeit geht, dann sind die Tage aller modernen Menschen zu kurz, bei den Smombies genauso wie bei den Erwachsenen.

Irgendwo müssen wir wieder die Kontrolle über unsere verloren gegangene Zeit zurückgewinnen. Wo wollen wir sie denn herholen, wenn nicht durch Zurückeroberung der unnützen Bildschirm-Stunden. Diese müssen Platz machen für unsere Zeit zum Leben. Daher gilt es nun, unsere Lebensuhr umzustellen, auf Kosten der digitalen Stunden, und **zugunsten von mehr realer und analoger Zeit.**

Die Wende

Zusammen auf neuen Wegen

Sie haben sich also endlich für die Befreiung vom digitalen Überfluss entschieden. Die Diskussion war anstrengend, aber notwendig, und sie hat gutgetan. Es sind zwei Generationen, zwei Welten, die dasitzen und zugeben müssen, dass sie sich eigentlich genau dasselbe vom Leben wünschen: Gesundheit, Freude, Belohnung, Dankbarkeit, Anerkennung, Hoffnung und Liebe. Man hat sich in die Augen geschaut und eingestanden, gleichzeitig Opfer und Täter zu sein. Jetzt ist es an der Zeit, etwas zu ändern.

Gehen Sie zusammen mit Ihren Kindern noch einmal die Liste der **35 Folgen exzessiver digitaler Nutzung** durch. Befragen Sie Ihre Kinder zu den verschiedenen Punkten und suchen Sie gemeinsam nach Lösungsvorschlägen. Sie werden staunen, was da so alles zur Sprache kommt und werden sich freuen, plötzlich Verbündete gefunden zu haben, die dankbar dafür sind, mit jemanden sprechen zu können und gemeinsam mit Ihnen einen Ausweg aus der digitalen Überflutung suchen wollen.

Die Selbstdiagnose der Jugendlichen

Es gibt gute Nachrichten! Nicht nur, weil es Ihnen gelungen ist, mit Ihrem Kind ein Gespräch auf Augenhöhe zu führen und vom Prediger in der Wüste zum Diskussionspartner auf der Couch zu werden. Das Bewusstsein des exzessiven Medienkonsums und die Achtsamkeit, die Sie Ihrem Kind vermittelt haben, sind der richtige Weg. Die Familie ist die wichtigste Stütze und die Zuneigung der Eltern der Schlüssel, der alle Tore öffnet.

Holger Ziegler, Professor für soziale Arbeit an der Universität Bielefeld, hat in seiner bekannten Studie zum Thema Achtsamkeit über 1000 Kinder, Jugendliche und Eltern befragt. Die Zahlen sind Grund zum Optimismus: Etwa siebzig Prozent der Kinder fühlen sich von ihren Eltern voll und ganz beachtet. „Unsicherer sind oft die Eltern selbst", erläutert der Erziehungswissenschaftler. Gerade das Keine-Zeit-Haben sei eine Gegenwartserfahrung, die alle teilen, daran ändere auch die Digitalisierung nichts.

Jugendliche spüren selbst ein Ungleichgewicht, wenn sie das Smartphone zu häufig verwenden. Sie wissen, dass sie immerhin bis zu mehrere hundert Nachrichten am Tag versenden, dass sie zu lange in den digitalen Netzwerken wie Snapchat, Instagram oder Twitter verweilen, und das alles abseits der elterlichen Einflussnahme. Daher sollten die Eltern keine Angst haben, ihre Kinder direkt darauf anzusprechen und mit ihnen über Gegenmaßnahmen zu sprechen.

Einmal in der Woche wird abgerechnet

Wir haben von der Möglichkeit gesprochen, die es seit einiger Zeit gibt, das eigene Verhalten am Handy-Bildschirm zu überprüfen. Diese App wird von den Herstellern selbst angeboten und zeigt entweder Gewissensbisse den Nutzern gegenüber oder den Versuch, die Kritiker der digitalen Lobby lahmzulegen. Jedenfalls ist es ein Schritt in die richtige Richtung.

Wie nützlich die vorhin besprochene Analyse der Bildschirmzeit gerade bei Jugendlichen ist, verstehen Sie, sobald Ihre Kinder auf dem eigenen Gerät die Bildschirmzeit ablesen. Zuerst werden sie es selbst kaum glauben, denn nirgends vergeht die Zeit so schnell wie vor dem Bildschirm. Die vier Stunden am Handy können nun nicht mehr abgestritten werden, das ist Durchschnitt. Wenn diese vier Stunden dann aber auf eine Woche hochgerechnet werden, sind das schon 28 Stunden. Das ist mehr als ein ganzer Tag – in einer Woche! Die Konfrontation mit diesen Zahlen schockiert sogar unsere Jugendlichen.

Aber was für Möglichkeiten gibt es, die **Bildschirmzeit zu verringern?**

Verbote

„Jetzt ist Schluss damit, jetzt kommt das Handyverbot!" Was auf diese Maßnahme meistens folgt, sind Sendepause und gedämpfte Stimmung. Wir alle kennen dieses Szenario. Ob diese einseitig von den Eltern getroffene Entscheidung wirklich das richtige Vorgehen ist, darüber lässt sich streiten. Bei einem Smartphone-Verbot sollte uns stets bewusst sein, dass wir nicht nur ein technisches Gerät verbieten, sondern damit auch den Kontakt zu den Freunden unterbinden, was nicht unser Ziel sein sollte. Wir brauchen die Zustimmung der Jugendlichen, denn nur so kann eine Wende eingeleitet werden. Die Einsicht und der Wille zu einem reduzierten Handykonsum müssen von den Smombies selbst kommen. Sie müssen selbst davon überzeugt sein, der Belastung durch das Smartphone ein Ende setzen zu wollen.

Die Meinung der Smombies

Wer sagt, dass den heutigen Jugendlichen alles egal ist und sie nur selten ihre Meinung äußern, der irrt sich. Ich erlaube mir, die Ergebnisse einer Studie des Internationalen Zentralinstituts für das Jugend- und Bildungsfernsehen (IZI) München zur Mediennutzung aufzulisten:

In einer Gruppe von 805 interviewten Jugendlichen zwischen neun und 16 Jahren, sagten mehr als vierzig Prozent, dass sie im Internet folgende negative Erfahrung gemacht haben:

@ Zu viel Zeit im Internet verbracht

@ Mit zu viel Werbung in Berührung gekommen

@ Viren oder Schadprogramme auf Geräte gelangt

@ Mit verstörenden oder beängstigenden Inhalten in Berührung gekommen

@ Zu viele persönliche Daten von sich öffentlich gemacht

@ Online gemobbt worden

Auf das Smartphone bezogen, erklärten ein Viertel von 821 Interviewten zwischen acht und 14 Jahren, folgende Risiken erlebt zu haben:

- @ Ablenkung durch das Handy (z. B. bei Hausaufgaben)

- @ Unüberlegt Daten preisgegeben

- @ Nachrichten von Fremden erhalten

- @ Hohe Kosten verursacht

- @ Kommunikationsstress empfunden

- @ Kontakt mit nicht kinder-/jugendfreien Seiten

- @ Schulische Probleme durch starke Handynutzung

- @ Zu viel Erleichterung (z. B. Taschenrechner)

- @ Zu wenig „echter" Kontakt zu Freunden

- @ Happy-Slapping-Videos bekommen (Hier wird ein Körperverletzungsdelikt auf meist unbekannte Passanten, Mitschüler oder Lehrer mitgefilmt und veröffentlicht, um die Opfer der Angriffe zu erniedrigen.)

Es tut sich etwas im Hirn unserer Kinder. Sie fangen an zu kapieren, dass das Internet nicht nur gute Seiten hat. Nicht umsonst gibt es immer mehr selbstbewusste Teenies, die den sozialen Medien und dem Smartphone den Rücken zukehren, weil es sie psychisch und physisch belastet. Daher sollte die Konfrontation durch das Erteilen von Verboten generell vermieden werden. **Kommt Zeit, kommt Rat, auch in den Köpfen der Smombies!**

Zeit lassen zum Umdenken

Im Leben braucht es Zeit, damit Lösungen heranreifen können. Die Smartphonenutzung einzuschränken, fällt bereits uns Erwachsenen schwer, ganz zu schweigen von den Jugendlichen. Geben Sie daher Ihrem Smombie die Zeit, nachzudenken, schenken Sie ihm das Vertrauen, dass er auf sein Gewissen hört und sich so selbst vom Richtigen überzeugt. Kinder sind meistens reifer, als wir sie einschätzen, doch dieser Prozess braucht Zeit und ist nicht nach einem Tag vollbracht.

Die Zeit, die wir mit dem Smombie auf dem Sofa verbracht haben und die Gespräche, die wir mit ihm geführt haben, werden langsam wirken. Worte sind nicht Luft. Auch wenn wir manchmal vom Gegenteil überzeugt sind, bleiben die Ratschläge der Eltern das Gerüst im Reifeprozess ihrer Kinder – solange es keine Predigten sind. Es braucht die ehrlichen Worte der Eltern und die offenen Ohren der Kinder.

Das erste Smartphone

Es kommt einmal der Tag, an dem Ihr Kind Sie anfleht, ihm ein Handy zu kaufen. Alle anderen in der Klasse haben bereits eines und Ihr Kind ist das letzte ohne Smartphone. Wahrscheinlich werden Sie keine große Freude empfinden und versuchen, den Wunsch zu ignorieren. Aber das geht auch nur eine bestimmte Zeit lang, denn Sie schaffen es nicht, sich dem ständigen Betteln zu entziehen.

Pädagogen empfehlen ein **Mindestalter von zwölf Jahren für das erste eigene Smartphone.** Wenn möglich sollten Sie versuchen, den Kauf auch länger hinauszuziehen. Wenn es um die Erreichbarkeit geht, dürfte auch ein einfaches Tastenhandy genügen. Wichtig ist allerdings, im Voraus das Thema offen anzusprechen und Abmachungen für das zukünftige Handy- und Internetverhalten zu treffen. Dazu möchte ich Ihnen ein paar Anregungen geben.

Der Vertrag

Vor dem Ankauf des ersten Smartphones können Sie mit Ihrem Kind eine schriftliche Abmachung aufsetzen und diesen „Vertrag" beidseitig und einvernehmlich unterzeichnen. Sie werden darüber lachen und sich fragen: Was hat ein Vertrag in der Eltern-Kind-Beziehung zu suchen? Wozu sollen Eltern mit ihren Kindern über digitale Medien verhandeln und das obendrein auch noch vertraglich festsetzen?

Die Antwort: Um Ihr Kind zu schützen, um ihm klar zu machen, dass Sie den Kauf ernst nehmen und ein Smartphone kein Spielzeug ist, sondern ein Gerät, dessen Nutzung mit Risiken und Nebenwirkungen verbunden ist, das den Zutritt zu einer neuen und unendlichen Welt öffnet. Schon im Lateinischen heißt es „scripta manent, verba volant" – die Worte verfliegen, das Geschriebene bleibt.

Daniel Bialecki, Geschäftsführer des Online-Lernportals „Scoyo.de" und Vater von drei Kindern, ist der Meinung, dass ein bewusster Umgang mit Smartphone und Internet gelernt sein will. Daher ist das gemeinsame Aufstellen von Regeln der beste Weg, damit Kinder sicher und bewusst mit der digitalen Technik umgehen. Auch er befürwortet die Verfassung eines Vertrags, weshalb der Wissensvermittler einen Internet- und Smartphone-Vertrag aufgesetzt hat. Dieser **Eltern-Kind-Vertrag** soll die Gefahren der Geräte behandeln und eine sinnvolle Nutzung mit Maß und Ziel gewährleisten. Das alles sollte geklärt werden, bevor das Gerät ins Haus kommt und die Diskussionen anfangen. So können Sie Ihre

Smartphone-Einsteiger am besten davor bewahren, ihre Freizeit nur noch mit den kleinen Hightech-Wundern zu verbringen. Eine Hilfe kann dabei auch die erwähnte App **„Family Link"** sein.

Indem Eltern und Kinder ihre Unterschrift unter den Vertrag setzen, wird den Vereinbarungen Nachdruck verliehen. Am besten hängt man das Dokument im Kinderzimmer, im Wohnzimmer oder in der Küche auf, sodass der Nachwuchs die Regeln immer vor Augen hat. Der folgende Muster-Vertrag stammt von dem Online-Portal „Scoyo.de":

Unser gemeinsamer Internet- und Smartphone-Vertrag

Kind: Name

Ich achte auf meine elektronischen Geräte. Sie sind sehr wertvoll. Ich lasse sie nirgendwo liegen und versuche, sie nicht zu beschädigen.

Ich gebe meinen vollständigen Namen, meine Adresse, Telefonnummer und E-Mail-Adresse nur mit eurer Zustimmung an.

Ich versende niemals Passwörter, auch nicht an Freunde.

Ich nutze nur Seiten und Apps, die für mein Alter bestimmt sind. Falls ich mir unsicher bin, ob etwas für mich geeignet ist, frage ich euch.

Ich lade keine Apps oder andere Programme ohne eure Erlaubnis herunter.

Ich kaufe online nichts, ohne euch vorher zu fragen.

Ich stelle keine Bilder, Videos oder Musik ins Internet, die ich nicht selber angefertigt habe und veröffentliche nichts von anderen ohne deren Erlaubnis.

Ich nutze keine illegalen Streaming-Webseiten oder Filesharing-Portale.

Ich veröffentliche nichts (Bilder, Texte etc.), was mir oder anderen später peinlich sein könnte.

Schreibt mir jemand in sozialen Netzwerken Dinge, die mir unangenehm sind, oder beleidigt mich, ignoriere ich das und sage euch sofort Bescheid.

Personen, die ich nur aus dem Internet kenne, schicke ich keine persönlichen Informationen oder Fotos und verabrede mich nicht mit ihnen.

Ich schreibe nur das, was ich der Person auch persönlich sagen würde. Ich behandele andere so, wie ich auch behandelt werden möchte.

205

Besondere Vereinbarungen für das Smartphone:

Ich achte darauf, in der Öffentlichkeit niemanden mit Telefonaten, lauter Musik oder Tönen von meinem Smartphone zu stören.

Wenn ich mit meinen Freunden oder meiner Familie Zeit verbringe, lege ich das Smartphone zur Seite und schalte es stumm, damit ich ihnen meine volle Aufmerksamkeit schenken kann.

Während des Unterrichts, beim Lernen und bei den Hausaufgaben schalte ich das Smartphone aus oder lege es in einen anderen Raum. Mindestens eine Stunde vor dem Schlafengehen schalte ich alle meine elektronischen Geräte aus.

Das mache ich, wenn ich mich nicht an die Vereinbarungen halte:

Eltern: Name

In der Zeit, die wir mit der Familie verbringen, reduzieren auch wir Eltern den Smartphonegebrauch auf ein Minimum.

Wir respektieren deine Privatsphäre und lesen keine Nachrichten oder E-Mails und kontrollieren auch deine Fotos nicht.

Wir erlauben dir, dich frei auf den besprochenen Seiten zu bewegen.

Wir vertrauen dir, dass du dich an die vereinbarten Punkte hältst und kontrollieren dich nicht übermäßig.

Wir versprechen, dass du mit wirklich jedem Problem zu uns kommen kannst und wir immer für dich da sind.

Das mache ich, wenn ich mich nicht an die Vereinbarungen halte:

Zeitliche Bestimmungen zur Internet- und Smartphone-Nutzung:

Unterschrift Kind: _____

Unterschrift Eltern: _____

Notbremse: Entgiftung

Wenn Sie merken, dass Ihre Smombies zuhause, trotz Vertrag und aller guten Vorsätze, noch immer nicht in der Lage sind, ihr digitales Leben in den Griff zu bekommen und sie immer noch unter dem Stress der sozialen Netzwerke leiden, so gilt es, mit Entschlossenheit einzugreifen und eine konkrete Maßnahme gegen die beiden größten **Giftquellen des Internets** einzuleiten: **Abschalten!**

Facebook und Instagram: Treffen mit der Täuschung

„Es besitzt deine Daten, es kennt deine Freunde, es hat deine Kreditkartendaten, es hört deine Konversationen, es folgt dir überallhin und du kannst nirgends hingehen, ohne es mit dir zu haben! Und ich habe mitgemacht beim Aufbau dieses Schlamassels!" So lautet der Kommentar von Roger McNamee auf der Titelseite des *Time Magazine*. Er ist seit den Neunzigerjahren einer der Hauptinvestoren von Facebook und beschreibt auf sieben Seiten seinen Frust als Mitverantwortlicher dieser Plattform. Ohne ein Blatt vor den Mund zu nehmen beschreibt er, wie Facebook sich Schritt für Schritt in die Gesellschaft eingenistet und ein schmutziges Spiel mit den Daten der Nutzer getrieben hat – so weit, dass die Grundpfeiler der Demokratie und der persönlichen Freiheit ins Wanken geraten sind.

Wenn man sich als Mensch noch frei fühlen will, sollte man sich überlegen, seinen Facebook-Account zu löschen. Das ist auch technisch kein einfacher Schritt, weil die Plattform einen gar nicht loslassen will und die Verantwortlichen immer wieder durch Fragen und Warnungen versuchen, einen von der Zustimmung zum definitiven Austritt abzuhalten. Florian Gless, der Chefredakteur der Wochenzeitschrift *Stern*, der vor sechs Jahren sein Facebook-Account gelöscht hat, musste die unheimliche

Erfahrung machen, dass seine Daten nach all dieser Zeit immer noch da waren und auf Wunsch zurückgeholt werden konnten. Hier gilt wirklich das Motto **„einmal im Netz, ewig im Netz"**!

Es ist mehr als nur gruselig, gefangen im Netz zu sein, mit seiner ganzen Lebensgeschichte. Facebook hat uns Erwachsenen viel Zeit, Ruhe und Freiheit geraubt. Bei den Kids hat die Plattform scheinbar seine Popularität verloren. Sie sagen, Facebook sei veraltet, langweilig und zu kompliziert. Man erhalte zu viel Werbung und die Posts seien banal. Trotz all dieser Argumente kommunizieren immerhin noch zwei Milliarden Menschen über Facebook und füttern das Silicon Valley **mit ihren persönlichen Daten,** die auf Ewigkeit abrufbar bleiben. Solange wir nicht abschalten und dieser Farce ein Ende setzen, geht der Verkauf unserer Daten unbestraft weiter.

Während die Meinungen über Facebook auseinandergehen, aber die Nutzung als Werbetrommel, Veranstaltungskalender, Flohmarkt, Arbeitsplattform und Firmenpräsentation immer noch Zustimmung erntet, ist es bei der Plattform Instagram eine ganz andere Geschichte.

Zuckerberg war schlau. Er hat nicht nur die Konkurrenz aufgekauft, er wusste auch, dass Kinder und Jugendliche die zukünftige Zielgruppe im Netz sein würden. Nach dem Motto „a picture is worth a thousand words", **„ein Bild sagt mehr als tausend Worte",** wurde Instagram als Plattform angepriesen, in der man über Bilder und Videos schnell und unkompliziert kommunizieren kann. Die Jugend liebte es. Daraufhin spielte Zuckerberg den raffinierten Psychologen, der sich der Kindergehirne annahm. Er nutzte ihr unsicheres Selbstwertgefühl aus, um sie auf ganz heimtückische Art zu manipulieren. Junge Menschen müssen sich im Klaren darüber sein, wer sie sind und wer sie sein wollen.

Früher hat man sich mit seinen Freunden und Bekannten in der Schule und auf der Straße von Mensch zu Mensch verglichen. Nun hat der Facebook-Gründer über Instagram diese Begegnungen auf die Bildschirme des weltweiten Netzes verlegt. Auf der Suche nach Freundschaften und Bestätigung schaut die Jugend auf ihr Display und bestaunt stundenlang, was die anderen schon alles erlebt und geleistet haben, mit welch wundervollen Menschen sie befreundet sind, auf welchen Festen sie getanzt, in welchem Paradies sie Urlaub gemacht, welch neuestes Outfit sie gekauft und welche neue Sprosse auf der Karriereleiter sie erklommen haben. Dass das meiste davon übertrieben und erlogen ist, leuchtet ihnen am Anfang nicht ein. Ob Zuckerberg und sein Psychologenteam sich bewusst waren, was sie den Gehirnen unserer Kinder antun, bleibt offen.

Ich würde Mark Zuckerberg gerne einmal eine Woche zu mir in die Praxis einladen, ihm einen weißen Kittel überziehen und ihn mit ein paar Jugendlichen wie Maria zusammensetzen. Da stellt sich die große Frage, wie er und seine Freunde aus dem Silicon Valley das alles mit ihren eigenen Kindern handhaben. Die Antwort dazu steht im *Stern* geschrieben: „Vielleicht weil sie selbst am besten beurteilen können, was sie anrichten, halten etliche Akteure vom Silicon Valley die digitale Technik von ihren Kindern fern, setzen auf Waldorfschulen und meditative Übungen." Steve Jobs, Mitgründer von Apple, hat öffentlich bekundet, dass seine Kinder zum Beispiel kein iPad haben und das Internet nur in eingeschränktem Maß verwenden dürfen.

Ich glaube, im Silicon Valley regiert ein neues Sprichwort: „Was du nicht willst, das man dir tu, das füge allen andern zu!" Ja, liebe Leser, bei Facebook habe ich über eine Farce gesprochen, die wir als Erwachsene hinnehmen. Bei Instagram handelt es sich um etwas viel Ernsteres, das die Seelen unserer Kinder manipuliert und zerstört. Fazit: Was **Facebook** betrifft, müssen vor allem wir Älteren den Konsum minimieren, vor **Instagram** müssen wir hingegen unsere Kinder schützen.

Die Verbreitung des Schmerzes

Das Fotoportal Instagram ist durch die Projektion der Scheinwelten von Bloggern und Influencern dabei, **eine ganze Generation verblöden zu lassen.** „Verblöden" ist noch ein milder Ausdruck. Was mit unseren Kindern durch Instagram passiert, ist Hirnwäsche, für viele eine Erfahrung, die Schmerz mit sich bringt.

Ein befreundeter Psychiater hat, ohne ein Blatt vor den Mund zu nehmen, bei einem Vortrag zum Thema Instagram den Jugendlichen die krasse Wahrheit ins Gesicht gesagt: „Ihr alle meint es gut, wenn ihr Fotos und Videos auf eurem Profil postet. Die Realität ist, dass ihr, ohne es zu wissen, Schmerz verbreitet! Schmerz für euch selbst, weil ihr getäuschte Bilder verbreitet und für diese Lüge vor euren ‚Freunden' früher oder später geradestehen müsst. Schmerz für eure ‚Freunde', die beim Anschauen der getäuschten Bilder nur Frust und Neid empfinden für etwas, das sie im Moment nicht erleben können!" Eine beinharte Aussage, aber sie ist häufig die Wahrheit. Instagram ist auf reines Konkurrenzdenken aus. Das kann mit der Zeit nur unglücklich machen.

Wenn wir noch ein bisschen Selbstachtung übrig haben und unseren Kindern dasselbe wünschen, so sollten wir auf schnellstem Wege dafür sorgen, diese Plattform von unseren und ihren Bildschirmen verschwinden zu lassen.

Der Brief von Federica

Ich möchte Ihnen nun den aussagekräftigen Brief einer jungen italienischen Studentin, Federica Cicerchia, präsentieren, der vor einiger Zeit im *Corriere della Sera* veröffentlicht wurde. Sie erzählt, warum sie mit 26 Jahren von Instagram ausgetreten ist:

„Ich verlasse Instagram, denn ich bevorzuge ein **unvollkommenes, aber wahres Leben.** Ich habe beschlossen, damit aufzuhören, ich habe beschlossen, von Instagram auszutreten, diesmal wirklich. Ja, ich vergleiche es mit einer Sucht, wie dem Rauchen oder dem Glas, das man zu viel getrunken hat. Und ich erkläre Ihnen warum.

Vor einigen Tagen bin ich abends mit einer Gruppe von Freunden ausgegangen. Wir gehörten alle dem Club der Ende-Zwanzigjährigen an, jung, aber doch nicht mehr ganz jung. Einige von uns waren sich vorher noch nie begegnet. Mit einem Drink in der Hand unterhielten wir uns über Reisen, die Arbeit, das Studium, die ersten Hochzeiten, den Sport, das Fitnessstudio und am Ende Instagram. Wir sprachen über den enormen Erfolg einiger Influencer.

Plötzlich zückte der mir gegenübersitzende Student sein Handy und fragte nach dem Namen meiner Freundin, damit er ihr auf Instagram folgen könne. Er hatte sich den ganzen Abend kaum mit ihr unterhalten. Ich hatte den starken Eindruck, dass die beiden einander gefielen, darum fragte ich mich, warum er sie nicht direkt nach ihrer Telefonnummer fragte. Er würde sich Tag für Tag ihre Stories und Posts ansehen, ohne ihr jemals zu schreiben. Oder er würde sie tatsächlich anschreiben und sie würden sich treffen. Wer weiß.

Es kam der Moment des Aufbruchs und wir verabschiedeten uns mit unsicheren Blicken und verlegenen Grußworten. Den restlichen Abend verbrachte ich mit der Frage, wie wir Jugendlichen oder besser jungen Erwachsenen die Fähigkeit verloren haben, miteinander physisch zu interagieren. Es scheint, als hätten wir Angst, uns zu sehr zu exponieren und dadurch eine schlechte Figur zu machen, langweilig zu wirken, abgestempelt zu werden oder etwas falsch zu machen. Auf Instagram zu interagieren ist viel angenehmer. Es ist die perfekte Welt, in der wir uns mit idealen Fotos unsterblich zeigen, mit weißen Zähnen, strahlendem Lächeln, straffem Körper, alles bis zum „Gehtnichtmehr" bearbeitet.

Es ist eine Welt, in der man sich göttlich fühlt, während man seine Stories dreht, die innerhalb von 24 Stunden zu Staub zerfallen, so als hätten sie nie existiert. So als gäbe es keine Unvollkommenheit, keinen Schmerz, keine Sorgen, keine Schwierigkeiten und nicht einmal Alltäglichkeiten.

Und doch existieren sie und sind Teil unserer komplizierten und manchmal unerwarteten Lebensgeschichte. Ich möchte sie alle zurückhaben. Ich möchte die Freiheit haben, manchmal langweilig, manchmal überdreht zu sein, ich möchte mit Menschen sprechen und sie über ihre Worte und nicht über ihre Bilder wahrnehmen können. Fotos sind Erinnerungen an vergangene und besondere Augenblicke, doch sie spiegeln nicht das gegenwärtige Leben wider. Mir gefällt die Perfektion nicht und sie hat mir auch niemals gefallen. Ich glaube, sie ist schrecklich langweilig. Darum habe ich beschlossen, damit aufzuhören. Wirklich aufzuhören und zurückzukehren in meine eigene, unvollkommene Welt."

Die Hoffnung

Liebe Leser! Ich glaube, wir brauchen jetzt ein bisschen Ruhe nach den vielen belastenden Informationen zur Digitalisierung. Vor allem brauchen wir etwas, das uns Hoffnung und Zuversicht gibt. Schließlich stehen wir noch da, gesund und im vollen Besitz unserer menschlichen Fähigkeiten, vor einer Welt, die immer noch ihre Schönheit zeigt. Wir haben mit gutem Vorsatz das Smartphone regelmäßig ausgeschaltet und uns Wissen über andere digitale Endgeräte angeeignet, das uns in unserer Überzeugung bestärkt.

Wir wollen keine Smombies sein! Wir wollen auch nicht, dass unsere Kinder zu Smombies werden. Wir wollen Menschen begegnen, die uns mit strahlenden Augen und nicht den Bildschirm mit müdem Blick anschauen. Wir wollen die Welt voll mit jungen Menschen sehen, die selbstsicher und hoffnungsvoll aufwachsen und ihre Freizeit mit Sport und erfüllenden Hobbys verbringen.

Vor allem wollen wir eines zurückhaben: unsere Freiheit. Die Freiheit, das zu sein, was wir sind, die Freiheit, Mensch zu sein, und dies obwohl, oder gerade weil wir drohen, im digitalen Chaos zu versinken. Denn die Rettung kommt nicht von außen. Die Rettung kann nur von uns selbst kommen und wir müssen dafür kämpfen.

Dieses Buch versucht, Ihnen die Motivation, den Ehrgeiz und die Kraft zu geben, sich vom Bildschirm zu befreien. Der Weg sieht beschwerlich aus, doch der erste Schritt ist einfacher als gedacht. Wichtig ist es, die Entscheidung zu treffen, abzuschalten und die Hoffnung zu stärken, dass weltweit immer mehr Menschen dasselbe tun. Wenn man die Augen öffnet, sieht man, dass bereits vieles im Gange ist.

Gesetze und Verbote: wenn Regierungen aufwachen

Südkorea, das Smartphone-Land

Südkorea ist das Land mit der stärksten Verbreitung von Smartphones. Bereits am frühen Morgen, wenn die U-Bahn mit Pendlern überfüllt ist, sieht man keinen Blickkontakt zwischen den Passagieren. Alle starren auf ihren kleinen Bildschirm, der sie von der Realität ablenkt.

Grün, smart und überwacht sind die Adjektive, die Seoul perfekt beschreiben – eine Stadt der Zukunft, schon heute. Der südkoreanische Elektronikriese Samsung ist seit Jahren Apples größter Konkurrent in Sachen Smartphone. Ziel der Regierung war es, das kleine Land in einen modernen Informatikstaat und ein Zentrum der Kommunikationstechnologien zu verwandeln. Das Vorhaben ist gelungen. In nur wenigen Jahren konnte sich jeder Bürger von Seoul ein günstiges Smartphone kaufen und wurde mit einer ultraschnellen Glasfaserverbindung vernetzt.

Doch der **digitale Wohlstand zeigte bald seine Schattenseiten:** Bei einer 2013 durchgeführten Studie mit 200 Studenten zeigten sich bei Jugendlichen mit starker Smartphone-Nutzung eine ausgeprägte Konzentrationsschwäche, ein starker Leistungsabfall und allgemein eine erhöhte Aggressivität im Vergleich zu Kommilitonen, die ihr Smartphone weniger intensiv nutzten. Das, zusammen mit dem stundenlangen, exzessiven Handygebrauch der Bevölkerung, alarmierte die Regierung, die zuerst sanfte, didaktische Maßnahmen empfahl, um die Jugend von diesem Suchtverhalten zu befreien. Als diese jedoch kaum Wirkung zeigten, wurden schwere Geschütze aufgefahren.

Seit Mai 2015 gibt es in Südkorea erstmals ein Gesetz, das die Smartphone-Nutzung von Jugendlichen drastisch einschränkt. Mit der vorinstallierten Software **„Smart Sheriff"** wird der Zugang zu Pornografie und Gewalt blockiert. Gleichzeitig wird die Online-Zeit registriert und die Eltern werden automatisch informiert, wenn diese ein bestimmtes Limit überschreitet. Dasselbe geschieht, wenn bestimmte Schlagwörter wie „Mord", „Suizid" oder „Mobbing" eingetippt werden. Handyspiele werden für Kinder unter 16 Jahren ab Mitternacht blockiert. Zusätzlich laden Schulen Experten ein, um über die Gefahren im Internet und die Smartphone-Abhängigkeit aufzuklären. Die südkoreanische Regierung hat sich also einiges einfallen lassen, um nicht länger Spitzenreiter bei der Smartphone-Sucht Minderjähriger zu sein.

Doch wie sieht es bei uns in Europa aus?

Der französische Weg

Die Franzosen haben Courage gezeigt! Emmanuel Macron hatte den Schritt bereits in seinem Wahlkampf angekündigt und sein Versprechen gehalten. Im Juli 2018 hat das französische Parlament ein erweitertes Handyverbot in Schulen verabschiedet, das Mobiltelefone in allen Vor- und Grundschulen sowie der Sekundarstufe I grundsätzlich verbietet. Betroffen sind damit Heranwachsende im Alter von drei bis 15 Jahren. Gymnasien sind nicht dazu verpflichtet, das Handyverbot einzuführen. Internetfähige Geräte wie Handys, Tablets und Smartwatches sind auf dem Schulgelände und auch bei Ausflügen oder Aktivitäten außerhalb verboten. Ausnahmen gibt es für Aufgaben, die eine Nutzung des Internets erfordern.

Das neue Gesetz befördere Frankreich „ins 21. Jahrhundert", erklärte der Unterrichtsminister. Es sende eine Botschaft an die französische Gesellschaft und die ganze Welt. Knapp neun von zehn französischen Jugendlichen zwischen zwölf und 17 Jahren besitzen ein Smartphone. Verfechter des neuen Gesetzes argumentierten unter anderem damit, die **Handynutzung störe die Aufmerksamkeit im Unterricht,** beeinträchtige das Schulklima und reduziere die körperliche Betätigung auf den Schulhöfen.

Frankreich hat ein Zeichen gesetzt und inzwischen ist die Debatte auch in anderen Ländern angekommen.

Der deutsche Weg

Zurzeit ist die Handynutzung in der Schule nur in Bayern per Gesetz geregelt – und seit gut zehn Jahren verboten. Nicht nur im Unterricht, sondern auch während der Pausen müssen Mobiltelefone auf dem ganzen Schulgelände ausgeschaltet bleiben. „Klingt streng, wird aber pragmatisch, pädagogisch flexibel, mitunter gar willkürlich gehandhabt", sagt Jürgen Böhm, Schulleiter und Vorsitzender des Realschullehrer-Verbandes. Die Lehrer können Ausnahmen gewähren, wenn das für Unterrichtszwecke angebracht ist: Recherche-Übungen, Dateiaustausch, Leistungsabgleich im Sport. Auch dringende Telefonate sind erlaubt, zum Beispiel, wenn der Unterricht ausfällt.

Das sind drei Beispiele, die hoffentlich auch andere europäische Länder aufrütteln. Denn in der restlichen Welt steckt man immer noch in den Kinderschuhen, was die gesetzliche Regelung des Handygebrauchs an Schulen betrifft.

Wie, offline bleiben?

Augen auf, die Welt ist da draußen

Einen Großteil ihrer Zeit verbringen Menschen in geschlossenen Räumen. Das Phänomen hat sich in den letzten fünfzig Jahren ausgebreitet: Büros, Kaufhäuser, Spitäler, Fabrikhallen und Restaurants, sehr viele Berufe übt man eingesperrt, in den vier Wände aus. Das ist nicht gerade optimal, denn der Mensch braucht Freiräume, frische Luft und die Nähe zur Natur. Das Bedürfnis danach wird immer stärker, da zur Arbeit in geschlossenen Räumlichkeiten meistens auch noch das lange Starren auf den Computer-bildschirm dazukommt. Demnach braucht sich keiner zu wundern, wenn er sich nach einiger Zeit nicht mehr wohl fühlt. Man spricht inzwischen vom **„Sick Building Syndrome",** also vom Kranksein wegen des täglichen Aufenthalts in Räumen mit künstlichem Licht. Typische Symptome sind Kopfschmerzen, Schwäche und Bindehautentzündung.

Kommen wir am Ende eines langen Arbeitstages nach Hause und ver-sinken dann noch erschöpft in unserem Smartphone, brauchen wir uns gar nicht zu wundern, wenn wir irgendwann nur noch mit Beruhigungs-pillen und Schlaftabletten über die Runden kommen. Wenn man einen ausgleichenden Gegenpol sucht, ist der Kontakt zur Natur unverzichtbar. Gleich ob ein Spaziergang durch den Wald, eine Bergtour, ein Bad im nahe gelegenen See, eine Expedition durch die Wüste oder ein Segel-törn – Hauptsache, der Mensch findet durch das unmittelbare Erleben der Natur wieder zu sich selbst.

Ein weiteres Hilfsmittel, um alles Belastende loszulassen, ist körperliche Anstrengung.

Zurück zum Körper

Inzwischen fragt sich keiner mehr: Wohin laufen sie denn alle? Auf Prome-naden, an Flussufern und auf Radwegen fallen uns die vielen Menschen gar nicht mehr auf, die in Trainingsklamotten und Turnschuhen an uns vorbeiziehen. Jung und Alt joggt und walkt in alle Himmelsrichtungen. Immer wieder sieht man Yogagruppen auf den grünen Wiesen. Schwit-zen, Muskeln dehnen, tief ein- und ausatmen und die Fitnessuhr oder

Smartwatch kontrollieren. Das alles gehört dazu, denn physische Anstrengung ist die beste Art, um Stress abzubauen und die Seele zu befreien.

Wir alle haben mittlerweile verstanden, dass wir gereizt, psychisch erschöpft und ausgelaugt sind, wenn wir den ganzen Tag vor dem Computer sitzen. Da gehen wir gerne ins Grüne und zwingen den eigenen Körper zur Bewegung. **Bewegung und Sport aktivieren die Ausschüttung von Glückshormonen.** Endorphine und andere Botenstoffen wie Dopamin, Serotonin, Adrenalin und Noradrenalin lassen unseren Geist so richtig aufleben. Sport ist die beste Medizin gegen die Bildschirmkrankheit!

Zurück zu den Hobbys

In einer Zeit des digitalen Überflusses wird es immer schwieriger, etwas weit weg von Netz und Bildschirm zu unternehmen. Dennoch ist es von fundamentaler Wichtigkeit, alle fünf Sinne mit ihren unterschiedlichsten Fähigkeiten zu benutzen.

Suchen Sie sich Hobbys und Tätigkeiten, durch die Sie Ihr Gehirn, Ihre Hände, Ihren ganzen Körper aktivieren und schauen Sie nicht nur auf den Bildschirm, um passiv das mitzuerleben, was Ihre nahen und fernen Freunde in ihrer Freizeit unternehmen. Frisch gewagt ist halb gewonnen, trauen Sie sich was, auch wenn Sie das verstaubte Schlagzeug im Keller seit Ihrer Jugend nicht mehr benutzt haben oder Ihr Garten schon jahrelang vor sich hin wuchert.

Der Hirnforscher Spitzer sagt es klar und deutlich: **Hobbys wie Musik, Theater und Sprachen machen schlau.** „Wer diese Fähigkeiten trainiert, kann beispielsweise Demenz um Jahre hinauszögern." Jugendliche profitieren am meisten, wenn sie an etwas arbeiten, das alle fünf Sinne miteinbezieht. Vor allem Musik ist von immenser Bedeutung: „Wer aktiv ein Instrument spielt, der lernt, Ziele mit Ausdauer zu verfolgen, weil er seine Willenskraft trainiert. Er hat weniger Prüfungsangst, wird schlauer, verdient später mehr und lebt gesünder. Darum ist auch Musiktherapie so erfolgreich – vor allem bei Depressionen, weil man sich aktiv mit einer Tätigkeit befasst anstatt zu grübeln."

Was sollen wir also tun mit der wenigen Zeit, die uns täglich nach der Arbeit und nach der Schule übrig bleibt? Wenn wir den **Stellenwert der Hobbys** einmal erfasst haben, sollten wir uns welche zulegen – denn je vielfältiger unsere Aktivitäten sind, desto besser geht es uns. Das Problem allerdings ist, dass die heutige Welt von immer mehr Menschen verlangt, fachorientiert und hoch spezialisiert zu sein. Und das Wichtigste: immer erreichbar zu sein!

Ob man auf dem Klo sitzt oder einen Gipfel erklimmt: Wenn es klingelt, muss man antworten. Man hat gar nicht mehr den Mut, dem Firmenchef zu sagen, dass man in seiner Freizeit Dudelsack spielt oder Eidechsen züchtet. Wenn man am Abend mit dem Sohn beim Schachspielen sitzt und einen Anruf des verärgerten Betriebsleiters erhält, der sich beschwert, dass er noch immer keine Antwort auf die gerade gesendete E-Mail erhalten hat, dann fühlt man sich meistens schlecht und auf die Frage, was denn los sei, antwortet man mit einer Lüge.

Anscheinend gibt es keine Rechtfertigung mehr dafür, auch einmal offline zu sein und ein Privatleben zu führen. Wenn beide Herren zu Feierabend ihre Geräte ausgeschaltet oder das Diensthandy in der Firma gelassen hätten, hätte der Vater das Lächeln seines Sohnes beim Schachmatt erlebt und der Betriebsleiter seine Dudelsacksonate fertig einstudiert. Diese einzigartigen Momente haben die beiden verpasst – für immer!

Eines sollten Sie allerdings beachten: Lassen Sie sich auch in Ihrer Freizeit vom verinnerlichten Kampfgeist der sozialen Netzwerke nicht hetzen. Es ist egal, wie viele Hobbys Ihr Kind aktiv verfolgt und auf welchem Niveau es Englisch spricht, solange die Freizeitbeschäftigung Freude bereitet. Es ist egal, wie viele Kilometer Sie heute durch den Wald gejoggt sind und ob Ihre Kollegen mehr geschafft haben. Wichtig ist, dass es Ihnen Spaß macht und Sie mit sich und Ihren Leistungen zufrieden sind. Für Ihre Hobbys sind Sie niemandem Rechenschaft schuldig.

Smombies out of fashion?

Was „cool" ist

Welkite, so heißt ein kleines Dorf im Süden von Äthiopien. Seit Stunden sind wir mit einer Gruppe von Ärzten unterwegs, um ein Buschkrankenhaus zu erreichen, das wir seit Jahren betreuen. Wir sind müde von der langen Fahrt über holprige Straßen, die uns durch lebhafte Dörfer und weite Landschaften führt. Strohhütten, staubige Marktplätze, vollbepackte Esel, Karren, Kühe, Ziegen, Schüler in Uniform und Lasten tragende Frauen säumen die Wege. Entlang der Straße pulsiert das Leben, jeder geht seinen Geschäften nach. Es wird diskutiert und gefeilscht. Es ist eine lebhafte Kulisse, in der die wenigen Autos auffallen, die langsam und ständig hupend an der Menschenmenge vorbeifahren. Wir Fremde werden durch unsere helle Hautfarbe sofort bemerkt und die Kinder schreien aufgeregt „Ferengi, Ferengi!".

Wo man zehn Kilometer zum nächsten Brunnen gehen muss und es keinen Strom gibt, interessiert man sich brennend für alles, was modern aussieht. Sobald unser Geländewagen anhält, werden wir von einer neugierigen Kinderschar mit zaghaften Anfragen nach „T-Shirt", „Caramella" und „Money" umzingelt. Die Kinder lachen, plaudern und greifen nach unseren Händen.

Plötzlich spaziert ein Jugendlicher die Straße entlang und geht an uns vorbei, als wären wir gar nicht da. Er blickt stur geradeaus und zeigt kein Interesse an unserer Gegenwart, ganz im Gegenteil, er schiebt die Kinder zur Seite, als ob er sagen möchte: „Platz machen, ich habe zu tun!" Da werde ich neugierig und schaue genauer hin. Ich sehe, dass der Bursche mit einem Handy am Ohr telefoniert. Ich bin überrascht und werde nachdenklich. Wie ist es möglich, dass auch schon in dieser

entlegenen Gegend im Süden Äthiopiens, wo das Leben noch ursprünglich scheint, ein junger Bursche ein Handy hat? Woher bekommt er das
Geld und den Strom dafür und was wird er wohl so Wichtiges zu sagen
haben? Dann passiert es noch einmal: Der Junge kommt zurück und geht
den gleichen Weg an uns vorbei. Dieses Mal schaut er mit einem Blick zu
mir, der ausdrückt: „Lieber Fremder, hast du gesehen, ich bin wie du und
habe ein Handy!". Die Kinder bewundern den coolen Jüngling mit einem
sehnsüchtigen Blick, als er dann zum dritten Mal an uns vorbeigeht. Bei
genauerer Betrachtung stellt sich das vermeintliche Handy als ein Spielzeug „Made in China" heraus. Der Bursche hatte uns voller Stolz zeigen
wollen, dass auch er zur Schicht jener gehört, die ein Handy besitzen.

Was für ein Erlebnis! Eine **Fata Morgana des Wohlstands,** die wir den
ärmeren Teilen der Welt vermitteln. Der Traum eines jeden jungen Afri-
kaners: cool sein wie die Weißen, mit gebeugtem Hals und Handy am
Ohr. Und es für jeden sichtbar zur Schau stellen.

Das Vorbild für die Welt

Seien wir ehrlich, wir alle haben uns anfänglich cool gefühlt, als wir mit
dem ersten Handy aufgekreuzt sind und dabei stolz gezeigt haben, dass
auch wir Wichtiges zu sagen hatten. Wenn wir in Gesellschaft waren und
plötzlich unser Telefon klingelte, konnten wir zeigen, dass auch wir nun
im mobilen Zeitalter angekommen waren.

Die Jugend auf der ganzen Welt hat sich von uns anstecken lassen, inzwischen geht das Bild des „coolen Smombies" auch dorthin, wo es nicht
einmal Strom und Wasser gibt. Ist es cool, wenn wir alle Menschen rund
um den Globus zu Smombies machen? Kinder idealisieren den Handy-
besitz und das Bild des ewig telefonierenden Menschen nach wie vor.
Und diese Botschaft verbreitet sich über das Netz in die ganze Welt. Wir

stecken alle damit an, denn wir im Westen gelten immer noch als die nachzuahmenden Fortschrittsmenschen. Je ärmer, je entlegener und je unterentwickelter diese jungen Menschen leben, desto stärker ist ihr Traum, auch einmal wie wir zu werden, wie jene, die am anderen Ufer des Rio Grande oder des Mittelmeeres leben.

Da ist es schwer, ein anderes Bild von uns zu vermitteln. Wir müssen anfangen, unsere Richtung zu ändern. **Smombie sein muss out werden,** und zwar zuerst hier bei uns!

Sie werden jetzt sicherlich meinen, dass das ein schier unerreichbares Ziel ist. Das stimmt aber nicht! Gerade die vielen Gefahren, die wir in diesem Buch kennengelernt haben, und unsere geänderte Einstellung sind Grund genug, um überall Diskussionen zu starten. In der Familie, in der Schule, im Jugendcamp, im Verein, im Sportclub und – am wichtigsten – in den politischen Gremien muss dieses Thema eingehend besprochen werden. Wir dürfen als Erziehende und Erwachsene nicht nachgeben und uns hinter der Ausrede verstecken, dass die Entwicklung „ja sowieso nicht gestoppt werden kann". Wir Oldies haben unsere Jugend mit vielen Freiheiten, großen Träumen und starken Hoffnungen erlebt. Über politische und ethische Themen hat es mit unseren Eltern zwar häufig Auseinandersetzungen gegeben, aber wir haben es genossen, uns am Prozess der Weltverbesserung zu beteiligen. Wir waren weniger medienbesessen und hatten daher weniger Angst. Wir konnten noch mit dem Auto von Europa nach Indien reisen, ohne befürchten zu müssen, von irgendeinem Taliban oder Isis-Anhänger abgeknallt zu werden, wir konnten ein Linienflugzeug besteigen, ohne stundenlange Sicherheitskontrollen am Check-in über uns ergehen zu lassen. Es war alles viel einfacher, wir waren freier in unseren Träumen und Zukunftsvisionen.

Wir Oldies waren privilegiert, wir sind ohne Kriege und Hungersnöte aufgewachsen. Irgendwann Mitte der Neunzigerjahre hat dann die Digitalisierung wie der Blitz aus heiterem Himmel eingeschlagen und die Millennials überrumpelt. Das Leben hat sich in kurzer Zeit verändert, das war aber nicht die Schuld der jungen Generation. Darum dürfen wir die Smombies mit ihren Problemen nicht alleine lassen. Wir müssen wieder die Verantwortung übernehmen und reagieren. Das kostet Nerven, aber es gibt unserer Rolle als Oldies einen Sinn. Wir dürfen nicht glauben, dass sich auf unserem Planeten nichts tut. Ganz im Gegenteil, es tut sich vieles! Inzwischen ist es gar nicht mehr so cool, ständig online zu sein, sondern vielmehr, häufiger offline und nicht immer erreichbar zu sein.

Neue Tendenzen

Kaffeehaus und Restaurant ohne WLAN

Es gibt sie immer häufiger, Bar- und Restaurantbesitzer, die in ihrem Lokal das **WLAN bewusst abschalten,** und das sogar an der Eingangstür verkünden. Was für manche den Weltuntergang bedeutet, ist für andere Besucher ein Traum. Immer mehr Lokale haben sich für diesen Weg entschieden. Einige bitten sogar ihre Kunden, aus Höflichkeit ihr Handy nicht auf dem Tisch abzulegen.

Wer online geht, zahlt die Runde

Dieses Spiel ist inzwischen in immer mehr Jugendtreffs verbreitet. Die Jugendlichen spielen mit ihrem Schuldgefühl, zu viel im Netz zu sein. Also beschließt man in der Gruppe, die Handys auszuschalten. Der Erste, der die Abmachung bricht, zahlt die Runde.

Social dining: online, um offline zu sein

„Zusammen isst man nicht alleine", so präsentiert sich die Plattform „Chef.One" im Internet. Es geht darum, dass sich unbekannte Menschen online verabreden, um offline gemeinsam zu essen. Über eine App kann sich jeder, der nicht allein essen will, zum Abendessen bei Fremden anmelden. Bezahlt wird direkt über die App, das Essen kostet etwa so viel wie im Restaurant. An jeder Verabredung verdient das Start-up 15 Prozent. Heute finden in vielen Städten **„Chef.One"-Dinner** statt. Es gibt vietnamesische Familienessen in Hamburg, Pfälzer Weinabende in München und Grillfeste in Mönchengladbach.

Ein Tag ohne Netz

Die Initiative **„Ein Tag ohne Netz"** fordert Kinder dazu auf, ab und zu mal einen Tag Pause von den ganzen Bildschirmen zu machen. Damit sich die jungen Menschen am internetfreien Tag nicht langweilen, gibt die Initiative Spieletipps und Anregungen, was man stattdessen unternehmen kann: Eine Deckenhöhle bauen, im Garten campen mit Zelt, Schlafsack und Lagerfeuer, ein Kaffeekränzchen veranstalten, eine Fahrradtour machen. Zum Schluss vergibt man Zeugnisse mit „Fächern" wie Nettigkeit, Lustige-Witze-Reißen, Kochkünste, Geduldsfähigkeit und so weiter.

Das Offline-Glas

Man wird sogar erfinderisch, um Menschen vom Smartphone abzulenken. Ein Barbesitzer hat das **„Offline-Glas"** erfunden, das man nur abstellen kann, indem man sein eigenes Handy darunter platziert. Dadurch ist es unmöglich, das Smartphone zu verwenden, und man muss sich mit den Menschen befassen, die man um sich herum hat. Forcierte Geselligkeit trotz Handy!

Digitale Entgiftungslager

Der Trend kommt ausgerechnet von der amerikanischen Westküste. In den kalifornischen Wäldern, nahe der Heimat der digitalen Riesen Google, Facebook & Co. sind professionelle **„Digital Detox Camps"** entstanden, Entgiftungslager nach dem Motto „disconnect to reconnect". Das Ziel ist, fernab der Zivilisation und Vernetzung wieder zu sich selbst zu finden und die Natur bewusst wahrzunehmen. Pure Entspannung für das Gehirn! Am Eingang wird alles abgegeben, was einen Bildschirm hat. Ab dann bestimmen Wandern, Meditieren, Kochen und Genießen sowie tiefgründige Gespräche, von Mensch zu Mensch, die Zeit im Camp. Selbst große Firmen wie Apple schicken ihre Mitarbeiter einmal im Jahr auf diese Reise zu sich selbst – und profitieren anschließend von der nur so sprudelnden Energie und frischen Kreativität ihrer Angestellten.

In einem Hotel in Niederösterreich bekommt man einen Rabatt von zwanzig Prozent, wenn man sein Handy während der ganzen Urlaubszeit bei der Rezeption abgibt. Kompliment an den Besitzer, er hat den Trend erfasst.

Auch **immer mehr Privatpersonen verabschieden sich für mehrere Tage von ihren Smartphones,** Laptops und dem Internet und kehren „bereinigt" in ihren Alltag zurück.

Die vielen Stimmen, die sich melden

Wissenschaftler, Ärzte, Lehrer, Politiker und auch junge Intellektuelle, Autoren und Musiker sprechen sich gegen die Online-Sucht aus. Miriam Meckel, eine deutsche Autorin und Kommunikationsexpertin, schreibt in ihrem Buch *Das Glück der Unerreichbarkeit* über das Abschalten all unserer digitalen Spielzeuge.

Die deutsche Hip-Hop-Gruppe „Culcha Candela" singt sogar davon, offline zu sein. *Cool mit mir selbst* heißt das Lied, das den Zuhörern sagt: Mach dein Ding, egal was alle anderen sagen! „Ich lass die Hater [...] alle reden, [...] ich **geh offline und chill mal mein Leben."** Das sind Botschaften, die von den jungen Leuten kommen und es sind die Stimmen, denen man Beachtung schenken sollte. Es muss cool sein, abzuschalten und dazu zu stehen, dass man auf das Internet auch mal keine Lust hat. Es sollte „out of fashion" sein, mit gebeugtem Hals durch die Straßen zu stolpern, ohne die Welt wahrzunehmen. Es muss uncool sein, mit dem Handy in der Hand herumzulaufen. Es sollte als Zeichen von schlechter Erziehung aufgefasst werden, laut herumzutelefonieren, es muss als mangelnde Selbstsicherheit verstanden werden, wenn man es nötig hat, ständig Selfies zu posten. Eines Tages wird es nicht nur ein Zeichen des guten Benehmens sein, wenn man kein Smartphone mehr bei sich trägt, sondern auch ein Zeichen der Unabhängigkeit, der Selbstsicherheit, der Freiheit und des Wohlstandes.

Ein Blick in die Zukunft

Was erwartet uns in den nächsten Jahren? Die Zeit bleibt nicht stehen und die Geschwindigkeit des Wandels nimmt stetig zu. Das Leben wird viele weitere Veränderungen mit sich bringen und wir sollten uns darauf vorbereiten, soweit das möglich ist.

Das Online-Leben wird sich weiter entwickeln. Manfred Spitzer meint dazu: „Kurzfristig wird sich das Problem sicher verschärfen. Warum? Jede Droge wird so stark konsumiert, wie sie verfügbar ist." Die Verfügbarkeit des Internets wird überall steigen, besonders in den Entwicklungsländern. Dadurch werden immer mehr Menschen Zugang zu Breitbandinternet haben und immer mehr Jugendliche Smartphones benutzen. Die Anzahl der Konsumenten wird zunehmen und damit auch die Probleme, die wir kennengelernt haben. Das wird hoffentlich auch die Debatte über die Nutzung der digitalen Endgeräte anheizen. Es ist zu erwarten, dass speziell für Kinder Regeln und Einschränkungen bei der Handy- und Internetnutzung eingeführt werden. Das Beispiel von Südkorea wird sicherlich viele Politiker und Lehrer überzeugen.

Es gibt Anzeichen dafür, dass die immer zahlreicher werdenden Diskussionen und Skandale die Internet-Lobbys endlich aufrütteln. Facebook-Chef Mark Zuckerberg scheint, durch die Politik gedrängt, end-

lich einzulenken, denn letzthin hat er angekündigt, dass die offenen Plattformen wie Facebook und Instagram mit neuen Regeln der Privacy ausstattet werden. Seit Juli 2019 teste Instagram in einigen Ländern, die Anzahl der Likes bei Beiträgen zu verbergen. Dadurch will man einen Schritt gegen den massiv kritisierten Leistungsdruck und Konkurrenzkampf der Plattform machen. Apple-Chef Tim Cook hat zum Thema Datenschutz zugeben müssen, dass der freie Markt versagt hat und er sich ein Eingreifen der Staaten erhofft.

Die neuen **Privacy-Bestimmungen** und die Reform des Urheberrechts der Europäischen Union stellen eine Wende im Spielraum der Konzerne im Internet dar. Zwar wehren sich die Herren des Netzes immer noch mit Händen und Füßen, aber die Tatsache, dass **Europa endlich ein Machtwort spricht,** ist ein Zeichen dafür, dass das Problem ernst genommen wird. Denn Transparenz scheint im Internet weltweit immer noch ein Fremdwort zu sein.

So wie es vor zwanzig Jahren im Silicon Valley geschah, passiert es jetzt noch auf höchstem Niveau. Man entscheidet und plant nicht mehr in einer Garage, man macht es hinter den Kulissen der Staatsregierungen. Da bewegen sich inzwischen viel größere und mächtigere Bewerber. Mit Staaten wie China und Russland, die im Geheimen ihre Internetdienste ausbauen, ist nicht zu scherzen. Vor nicht allzu langer Zeit verbreitete sich die Nachricht, dass in China genmanipulierte Babys geboren wurden. Ein chinesischer Forscher behauptete, zwei kürzlich geborene Zwillingsmädchen während der Embryonalentwicklung genetisch verändert zu haben. Diese Ankündigung löste einen internationalen Aufschrei über Ethik und Sicherheit einer solchen Forschung aus. Der Wissenschaftler, der sich über die Proteste überrascht zeigte, hat anscheinend im Auftrag seiner Regierung gearbeitet. Wenn solche Regierungen das weltweite

Netz infiltrieren und, wie es schon passiert, ihr eigenes Netz aufbauen, dann wird es gefährlich für uns alle.

Die fünfte Mobilfunkgeneration 5G: Überflutung im Anmarsch

Die nächste große Herausforderung steht schon vor der Tür und bezieht sich auf die Umrüstung der Mobilfunknetze von Generation vier auf Generation fünf. Mit 5G wird die Geschwindigkeit des Datenflusses um das Hundertfache gesteigert. Die Downloadgeschwindigkeit wird bis zu zwanzig Megabit pro Sekunde sein. In Zukunft wird man einen Film von zwei Stunden in wenigen Sekunden aus dem Internet herunterladen können. Es wird möglich sein, in Echtzeitübertragung weltweit hundert Milliarden Mobilfunkgeräte gleichzeitig anzusprechen. Man spricht inzwischen schon vom „Internet der Dinge", weil mit 5G nicht mehr nur Menschen, sondern auch Gegenstände vernetzt werden können: Haushaltsgeräte, fahrerlose Autos, Rasenmäher, Überwachungskameras und vieles mehr.

Allerdings scheint das neue und schnelle Mobilfunknetz viele Probleme mit sich zu bringen und es besteht die Tendenz der Mobilfunkanbieter, die Dinge wieder einmal zu verschweigen. Das 5G-Netz attestiert ein beschränktes Datenschutzsicherheitsniveau und zeigt eine um vieles höhere und gesundheitsschädigendere Strahlenbelastung.

Es ist zu hoffen, dass die Bevölkerung gegen das geplante engmaschige Antennennetz über ihren Häusern rebellieren wird. Dass dies auch in einem Land wie China geschehen wird, ist unwahrscheinlich. Der chinesische Anbieter der 5G-Technologie Huawei ist schon so weit, dass er weltweit um Kunden wirbt. Italien und anderen europäischen Staaten bietet er sein Mobilfunksystem zu niedrigen Preisen an.

Ein stiller Eroberungsfeldzug geht über die Bühne und strebt große weltpolitische Veränderungen an. Die Globalisierung wird von den schlauen Chinesen mithilfe ihrer eigenen digitalen Technik vorangetrieben. Da bleibt nur zu hoffen, dass wieder einmal die Europäer aufwachen und einen Riegel vor die Tür schieben. Ein weiteres Mal ist die Verwendung und Aufwertung unseres Verstandes gefragt. Angefangen bei den Politikern, die sich nicht unterwerfen lassen dürfen.

Wir, als mündige Wähler, müssen uns informieren, den Durchblick behalten und Mut und Geduld zeigen, indem wir den **„Digitalismus" auf das Wesentliche einschränken.** Das ist die nicht einfache Aufgabe, die wir selbst erledigen müssen, Tag für Tag, jeder für sich in seiner Familie, seinem Zuhause und an seinem Arbeitsplatz. Denn die Technik und der Fortschritt schlafen nicht.

Schlusswort

Wir sind am Ziel unserer Reise angelangt. Ich muss zugeben, es war kein Erholungsausflug. Wir haben die letzten dreißig Jahre unserer Geschichte überflogen, dabei sind wir in der analogen Welt gestartet und in der digitalen angekommen. Die sicheren Ufer haben wir sowohl im Laufe dieses Buches als auch im realen Leben verlassen, um in eine Welt einzutreten, in der sich alles in Nullen und Einsen auflösen lässt. In der Realität wurden wir dabei aber nicht glücklicher. In der Zeit vor dem Internet wussten wir besser über uns selbst Bescheid: Wir wussten, wer wir waren und was wir darstellen wollten. Wie es der Buchautor Matthias Horx im *Zukunftsreport 2019* so schön formuliert: „Unsere Identität schien klarer und die Welt verlässlicher, selbst wenn sie nie heil war. Jetzt sind wir von einer Welt von Clickbaits, von verführerischen Reizen umlagert, die unsere Aufmerksamkeit ausbeutet. So entsteht eine geisterhafte Welt aus Models, Sexkatzen, Werbefiguren, die wie Puppen ausschauen, aus Kindern, die selbst dann noch spaßig aussehen, wenn sie auf Rutschen verunglücken, aus Korruption, Apokalypsen und Verschwörungen. Was bleibt, ist ein Riesendurcheinander und das schreckliche Gefühl, nicht mehr zu wissen, was die Realität ist."

Das zwingt uns zum Umdenken. Wir müssen den Stolz, von dem wir gesprochen hatten, wieder aus uns herausholen und den Mut zeigen, nach Antworten auf die vielen Fragen zu suchen. Ist der „Digitalismus" ein Mittel zum Zweck, das ultimative Ziel oder ein Fehler, der uns entlang des Weges unterlaufen ist? Sind wir Menschen wirklich dazu bestimmt, mit allem fertig zu werden, was in der Welt geschieht? Oder ist unsere Aufgabe auf Erden eine ganz andere, nämlich jene, die Inhalte und die

Sinnhaftigkeit der Dinge zu erforschen, indem wir akzeptieren, dass es größere Geheimnisse gibt, die wir trotz Nummern und Technik nicht entziffern können?

In seinem Bestseller *The Circle* beschreibt es der amerikanische Autor Dave Eggers treffend: „Unsere Seele braucht die Geheimnisse der Nacht und die Klarheit des Tages, nicht das ständige Tageslicht, das uns verbrennt." Wir brauchen die Zeit zum Nachdenken, Schlafen und zum Abkühlen – also Abschalten in jeder Form –, weil das zum Menschsein gehört und aus ihm das Wunder macht, das wir seit Beginn unserer Zeit bestaunen.

Trotz digitalem Wunder dürfen wir den Sinn unserer Existenz nicht vergessen und müssen uns dennoch fragen, was unsere Aufgabe in dieser Welt ist und ob wir uns auf dem richtigen Weg befinden. Da könnte die allgemeine Unsicherheit, die wir zurzeit verspüren, das Zeichen eines sich nahenden Umbruchs, einer Suche nach zusätzlichen Lebensinhalten, sein. Für Matthias Horx befinden wir uns schon in der Ära der **„Postdigitalität",** auf dem Weg, die Selbstregulation des Digitalen und dessen Scheitern zu erleben: „Die Geschichte geht nicht geradeaus ins Digitale. Sie krümmt sich immer wieder ins Bewährte, ins Menschliche. Grund ist unsere Sehnsucht nach Signifikanz, die in den heutigen Zeiten als immer stärker empfunden wird. Wenn alles unendlich geteilt, kopiert und verfügbar ist, wird das Einmalige, Spezifische, Unfassbare zum neuen Luxus."

An diesem Punkt sind wir schon angelangt. Die Müdigkeit über das „Zuviel" hat sich in unseren Seelen eingenistet und schreit nach einer Wende. Das beste Beispiel ist die **„Spotyflix Fatigue",** die Müdigkeit von den Musik-Film-Plattformen. Wenn man alle Werke der Welt zur freien Auswahl hat, entsteht irgendwann eine innere Leere. Man verliert die Lust an allem. Alles ist möglich, nichts ist mehr wichtig. Ist das der Wendepunkt, an dem wir angelangt sind? Ist die Müdigkeit vor dem „Zuviel" der unvermeidliche Schritt, den wir alle gehen und aus dem wir lernen müssen?

Die Zukunft wird uns die Antwort geben. Wichtig ist, dass wir die Geschichte auch im Kleinen mitgestalten. Denn es hängt von uns ab, ob wir weiterhin vom Rande des Geschehens zuschauen und uns stillschweigend überfluten lassen wollen oder ob wir unserer Verantwortung als Eltern, Erzieher und denkende Menschen gerecht werden wollen. Mehr denn je braucht es den **„Homo sapiens",** den Menschen, der Mut und Stolz zeigt, der seine zeitkritische Haltung in Familie, Gesellschaft und Politik einnimmt. Es braucht Menschen, die individuell und gezielt entscheiden, wann sie abschalten und wo sie mitmachen wollen; Menschen, die beweisen, dass sie das Smartphone und den Computer beherrschen und nicht umgekehrt; Menschen, die, fernab vom Bildschirm, die Schönheit der Welt genießen und der Jugend Optimismus zum Leben vermitteln; Menschen, die den Milliarden Nutzern des Netzes wieder ihre Würde zurückgeben und die den Abbau von Datenkontrollsystemen verlangen. Es braucht Menschen, die sich an ihre mit Freiheit, Hoffnung und Träumen erfüllte Jugend zurückerinnern und es als ihre Pflicht sehen, analoge Werte an die digitale Gesellschaft von heute weiterzugeben. Damit unsere Welt überlebt und Fälle wie jener von Maria immer seltener werden, brauchen wir nicht ein Mehr an Vernetzung und Daten, sondern ein Weniger, wir brauchen nicht ein Mehr an Followern, sondern wenige, aber gute Freunde, wir brauchen nicht ein Mehr an Informationen aller Art, sondern eine Besinnung auf die wenigen wichtigen Dinge. Wir brauchen nicht ein Mehr an Emojis, Herzchen und Likes, sondern ein Mehr an echter Zuneigung, Aufmerksamkeit und Liebe.

Register

Quellenverzeichnis

Literatur

Ainis M., **Il regno dell'Urobono.** Mailand: Nave di Teseo, 2018.

Anonymus, **Digital intuition. A computer program that can outplay humans in the abstract game of Go will redefine our relationship with machines (Editorial).** Nature, 2016; 529: 437.

Anonymus, **Is all publicity good?.** New Scientist, 2018; 3167: 5.

Anonymus, **Abmeldung bei sozialen Medien? Daten-Skandal schreckt Deutsche ab.** n-tv. de, 24.3.2018. Aufgerufen unter www.n-tv.de/panorama/Daten-Skandal-schreckt-Deutsche-ab-article20352773.html?service=print.

Anonymus, **As Facebook scandal mushrooms, Mark Zuckerberg vows to 'step up'.** The Economic Times, 22.3.2018. Aufgerufen unter economictimes.india-times.com/news/international/business/...hrooms-mark-zuckerberg-vows-to-step-up/printarticle/63407174.cms.

Bond R.M., Fariss C.J., Jones J.J., Kramer A.D.I., Marlow C., Settle J.E., Fowler J.H. **A 61-million-person experiment in social influence and political mobilization.** Nature, 2012; 489: 295–298.

Bialecki D., **Das Internet als Bildungsplattform.** Aufgerufen unter www.mit-kindern-lernen.ch

Bialecki D., **Daniel Bialecki über kindgerechtes Lernen oder wie die Freude am Lernen erhalten bleibt.** Skoyo Eltern Magazin.

Bouwman V., **Digital in 2018: Die Anzahl der Internetnutzer weltweit knackt die 4 Milliarden.** We are social Blog, 30.1.2018. Aufgerufen unter www.wearesocial.com/de/blog/2018/01/global-digital-report-2018?cv=1.

Cabañas J.G., Cuevas Á., Cuevas R., **Facebook use of sensitive data for advertising in Europe.** arXiv: 1802.05030v, 14.2.2018. Aufgerufen unter arxiv.org/pdf/1802.05030.pdf.

Chen A., **The real paranoia-inducing purpose of Russian hacks.** The New Yorker, 27.07.2016. Aufgerufen unter www.newyorker.com/news/news-desk/the-real-paranoia-inducing-purpose-of-russian-hacks.

Covington P., Adams J., Sargin E., **Deep Neural Networks for YouTube Recommendations.** RecSys '16 September 15–19, 2016. Boston, MA, USA. Aufgerufen unter www.dx.doi.org/10.1145/2959100.2959190.

Eggers D., **The Circle.** Köln: Kiepenheuer & Witsch, 2014.

Eltagouri M., **The rise of 'Putin's chef,' the Russian oligarch accused of manipulating the U.S. election.** The Washington Post, 17.2.2018. Aufgerufen unter www.washingtonpost.com/news/worldviews/wp/2018/02/16/the-rise-of-putins-chef-yevgeniy-prigozhin-the-russian-accused-of-manipulating-the-u-s-election/?utm_term=.4142b7ea1d6d.

Europäische Union, **Datenschutz-Grundverordnung.** Aufgerufen unter www.eurex.europa.eu/legal-content/DE/TXT/PDF/?uri=CELEX:02016R0679–20160504&from=EN.

Fowler JH., **A Follow-up to a 61 Million Person Experiment in Social Influence and Political Mobilization.** Aufgerufen unter www.nasonline.org/programs/sackler-colloquia/documents/fowler.pdf.

Hock A., **Like mich am Arsch.** München: Riva Verlag, 2013.

Horx M., **Wie wir leben werden.** Frankfurt: Campus, 2005.

Horx M., **Zukunftsreport 2019.** Frankfurt: Zukunftsinstitut GmbH, 2018.

Kosinski M., Stillwell D., Graepel T., **Private traits and attributes are predictable from digital records of human behavior.** PNAS 2013; 110: 5802–5805.

Kosinski M., Matz S.C., Gosling S.D., Popov V., Stillwell D., **Facebook as a Research Tool for the Social Sciences. Opportunities, Challenges, Ethical Considerations, and Practical Guidelines.** American Psychologist, 2015; 70: 543–556.

Kramer A.D.I., Guillory J.E., Hancock J.T., **Experimental evidence of massive-scale emotional contagion through social networks.** PNAS, 2014; 111: 8788–8790.

Lazer D.M.J., Baum M.A., Benkler Y., Berinsky A.I., Greenhill K.M., Menczer F., Metzger M.J., Nyhan B., Pennycook G., Rothschild D., Schudson M., Sloman S.A., Sunstein C.R., Thorson E.A., Watts D.J., Zittrain J.L., **The science of fake news.** Science, 2018; 359: 1094–1096.

Lesch H., **Die Menschheit schafft sich ab.** München: Knaur, 2018.

Lohr S., **It's True: False News Spreads Faster and Wider. And Humans Are to Blame.** New York Time, 8.3.2018. Aufgerufen unter www.nytimes.com/2018/03/08/technology/twitter-fake-news-research.html.

Make love not Porn. Aufgerufen unter www.t.co/Use4wRgPPm.

Matz S.C., Kosinski M., Nave G., Stillwell D.J., **Psychological targeting as an effective approach to digital mass persuasion.** PNAS, 2017; 114: 12714–12719.

Meyer R., **My Facebook Was Breached by Cambridge Analytica. Was Yours? How to find out if you are one of the 87 million victims.** The Atlantic, 10.4.2018. www.theatlantic.com/technology/archive/2018/04/facebook-cambridge-analytica-victims/557648

Nicas J., **How YouTube Drives People to the Internet's Darkest Corners.** Wall Street Journal, 7.2.2018. Aufgerufen unter www.wsj.com/articles/how-youtube-drives-viewers-to-the-internets-darkest-corners-1518020478.

Pizzecco T., **Mut machen oder mies machen.** Bozen: Athesia, 2006.

Pizzecco T., **100 Gedanken die Mut machen.** Bozen: Athesia, 2007.

Pizzecco T., **Optimismus-Training**. München: G.U.Verlag, 2008.

Rampini F., **Rete padrona.** Milano: Feltrinelli Editore, 2014.

Revell T., **What's not to like? The scale and scope of Facebook's huge ad machine has been revealed.** New Scientist, 2018; 3166: 4–5.

Rosenberg M., Confessore N., Cadwalladr C., **How Trump consultants exploited the Facebook data of Millions.** The New York Times, 17.3.2018. Aufgerufen unter www.nytimes.com/2018/03/17/us/politics/cambridge-analytica-trump-campaign.html.

Rosenberg M., Frenkel S., **Facebook's role in data misuse sets off storms on two continents.** The New York Times, 18.3.2018. Aufgerufen unter www.nytimes.com/2018/03/18/us/cambridge-analytica-facebook-privacy-data.html.

Rosenthal R., **Media violence, antisocial behavior, and the social consequences of small effects.** Journal of Social Issues, 1986; 42: 141–154.

Rosenthal R., **How are we doing in soft psychology?** Americal Psychjologist, 1990; 775–777.

Schmidt, H., **Das Internet wird zum Leitmedium.**, Netzwirtschaft-Blog auf FAZ.NET, 3.12.2008. Aufgerufen unter www.blogs.faz.net/netzwirtschaft-blog/2008/12/03/das-internet-l-246-st-fernsehen-als-leitmedium-ab-683/.

Silverman E., **Facebook's first president, on Facebook: 'God only knows what it's doing to our children's brains'.** The Washington Post, 9.11.2017. Aufgerufen unter www.washingtonpost.com/news/the-switch/wp/2017/11/09/facebooks-first-president-on-facebook-god-only-knows-what-its-doing-to-our-childrens-brains/?utm_term=.8193cbc693c7.

Smartmobil.de, **Handy Knigge, die 10 wichtigsten Regeln für die Smartphone Nutzung.** www.smartmobil.de/magazin/handy-knigge.

Spitzer M., **Spuren in der Wolke. Mit Sozialverhalten kann man rechnen – aber wollen wir das?** Nervenheilkunde, 2013; 32: 253–256.

Spitzer M., **Dopamin und Käsekuchen. Essen als Suchtverhalten.** Nervenheilkunde, 2010; 29: 482–486.

Spitzer M., **Qatar. Eine deutsche Schule, islamische Kunst und ein Land, das nachdenklich macht.** Nervenheilkunde, 2018; 37: 125–135.

Spitzer M., **Digitale Demenz.** München: Droemer, 2012.

Spitzer M., **Cyberkrank!** München: Droemer, 2015.

Spitzer M., **Früher war alles später.** Stuttgart: Schattauer, 2017.

The United States Department of Justice, **In the United States District Court for the District of Columbia, Criminal No. (18 U.S.C. §§ 2, 371, 1349, 1028A)** (Case 1:18-cr-00032-DLF Document 1 Filed 02/16/18). Aufgerufen unter www.justice.gov/opa/press-release/file/1035562/download.

Thubron R., **YouTube's 'recommended videos' algorithm keeps surfacing controversial content. Despite Google's tweaks.** Techspot, 8.3.2018. Aufgerufen unter www.techspot.com/news/73178-youtube-recommended-videos-algorithm-keeps-surfacing-controversial-content.html.

Troianovski A., Helderman R.S., Nakashima E., Timberg C., **The 21st-century Russian sleeper agent is a troll with an American accent.** The Washington Post, 17.2.2018. Aufgerufen unter www.washingtonpost.com/business/technology/the-21st-century-russian-sleeper-agent-is-a-troll-with-an-american-accent/2018/02/17/d024ead2-1404-11e8-8ea1-c1d91fcec3fe_story.html.

Tufekci Z., **YouTube, the great redicalizer.** The New York Times, 2018; 12: 15.

Twenge Jean M. PhD., **iGen: Why Today's Super-Connected Kids Are Growing Up Less Rebellious, More Tolerant, Less Happy and Completely Unprepared for Adulthood.** New York: Simon & Schuster, 2018.

Verma I.M., **Editorial Expression of Concern and Correction.** PNAS, 2014; 111: 10779.

Vosoughi S., Roy D., Aral S., **The spread of true and false news online.** Science 2018; 359: 1146–1151.

Wu Y., Kosinski M., Stillwella D., **Computer-based personality judgments are more accurate than those made by humans.** PNAS, 2015; 112: 1036–1040.

Yazdi K., **Klick und weg: das Facebook Aufhör-Buch.** Edition a GmbH, 2018.

Yazdi K., **Die Kannabislüge.** Schwarzkopf und Schwarzkopf, 2016.

Zablowsky P., **Die Auswirkungen von Smartphone Nutzung auf das Kommunikationsverhalten von Jugendlichen.** Fakultät Wirtschaft und Soziales Department. Uni-hamburg.de, 2017.

Filme

The Cleaners. Regie: Block H., Riesewieck M., Deutschland, 2018. www.thecleaners-film.de/

Citizenfour. Regie: Poitras L., USA/Deutschland, 2014.

Snowden. Regie: Stone O., USA/Deutschland, 2014.

Weitere Quellen

Eltern-Kind-Vertrag: Bialecki D., **Internet- und Smartphone-Vertrag. Gemeinsam Regeln setzen – damit Kinder sicher und bewusst mit Internet und Smartphone umgehen.** Aufgerufen unter www-de.scoyo.com/dam/ratgeber-downloads/smartphonevertrag/eltern-kind-vertrag-smartphone-einsteiger.pdf

scoyo

Tabelle: **Panadress marketing intelligence GmbH.** Aufgerufen unter URL: www.panadress.de

Kontaktadressen

Eltern-medienfit
Urheberrecht und technische Beratung
A.-Hofer-Straße 18, 39100 Bozen
T 0471 412910
medien@provinz.bz.it

Unterstützung für Eltern im Umgang mit digitalen Medien
Elterntelefon: 800 892 829 (Grüne Nummer)
Telefonzeiten Mo.–Fr.: 09.30–12 Uhr
und 17.30–19.30 Uhr
beratung@elterntelefon.it | www.elterntelefon.it
Anonyme Erstberatung für Eltern, Minderjährige und Fachpersonen

Post- und Kommunikationspolizei
Reschenstraße 190, 39100 Bozen
T 0471 531413
sez.polposta.bz@pecps.poliziadistato.it

Young + Direct
Vertrauliche und kostenlose Beratung für junge Menschen
Johann-Wolfgang-von-Goethe-Straße 42
39100 Bozen
Mo.–Fr.: 14.30–19.30 Uhr
Jugendtelelefon 840 036 366 (Grüne Nummer)
T 0471 060420
WhatsApp +39 345 0817056
online@young-direct.it
Skype young.direct
Facebook Young+Direct Beratung Consulenza
www.young-direct.it

Südtiroler Jugendring
Johann-Wolfgang-von-Goethe-Straße 42
39100 Bozen
Mo.–Do.: 9–12.30 Uhr und 14.30–16.30 Uhr
Fr.: 9–12.30 Uhr
T 0471 060430
F 0471 060439
info@jugendring.it

Katholischer Familien Verband
Wangergasse 29, 39100 Bozen
Mo.–Do.: 8–16 Uhr | Fr.: 8–12 Uhr
T 0471 974778
F 0471 973823
info@familienverband.it
www.familienverband.it

Familienberatung – fabe
Sparkassenstraße 13, 39100 Bozen
Mo.–Do.: 10–12 Uhr und Di. + Do.: 15–17 Uhr
T 0471 973519
F 0471 981647

Caritas
Sparkassenstraße 1, 39100 Bozen

Kontakt Sekretariat
T 0471 304300
F 0471 973428
info@caritas.bz.it
www.caritas.bz.it

Caritas Telefonseelsorge
T 840 000 481 (Grüne Nummer)
F 0471 973428
ts@caritas.bz.it
www.telefonseelsorge-online.bz.it

Caritas Suizid Prävention
suizidpraevention@caritas.bz.it

Psychosoziale Beratung
Beratung und Begleitung bei Suchtproblemen
Hauptstraße 131, 39028 Schlanders
T 0473 621237
F 0473 732647
psb@caritas.bz.it

Forum Prävention
Talfergasse 4, 39100 Bozen
www.forum-p.it/de/willkommen-bei-uns-1.html

Kontakt Sekretariat
T 0471 324801
F 0471 940220
info@forum-p.it

Kontakt Essstörungen
T 0471 970039
info@infes.it

EAAD-EOS Genossenschaft
T 0471 1889660
info@eos-group.bz
www.eos-genossenschaft.bz/eaad

Telefono Amico Bolzano
Telefonhilfe Bozen
T 800 851 097 (Grüne Nummer)
Mo.–So. 15–24 Uhr; einschließlich Feiertage